10 寺子屋シリーズ

親子で楽しむ

こども野《や》菜《さい》塾《じゅく》

柿沢安耶【著】

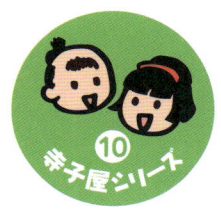

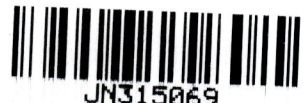

ご家族のみなさまへ

『野菜』、好きですか？

野菜って……　苦い？　めんどうくさい？　嫌い？
どんなイメージをお持ちでしょうか？

野菜って……　かわいい！　おいしい！　身体に良い！
わたしにとっては良いイメージばかり。
野菜が大好きなんです。

今、日本人は、大人も子どもも野菜を食べる量がどんどん減っています。さらに、野菜をつくる農家さんの数も、野菜の生産量も、どんどん減って、自給率も下がる一方。

その打開策は、「みんながもっと野菜を好きになること」！

奥が深くて楽しい野菜の魅力を、本書でナスのテンくんたちと一緒に学び、知ってもらえたら、きっとみんな、野菜を好きになってくれるはず。

　この本は、親子で野菜の旬や栄養、育ち方などを知ることができるだけでなく、食べることの大切さやありがたさも自然に学べる「食育」の本としても、活用していただけると思います。

　そして最後は、親子で一緒に、楽しく野菜スイーツづくりをしてみてください。

　家族のコミュニケーションにもつながり、子どもにとって幸せな記憶として残ってくれることでしょう。

　さあ、それではさっそく、野菜の魅力いっぱいの本書の扉を開いてみましょう！

もくじ

ご家族のみなさまへ　2

野菜《やさい》のおもしろ写真館《しゃしんかん》　6

ようこそ！！　野菜塾《やさいじゅく》へ　10

第1章　野菜《やさい》のヒミツ

色《いろ》がたくさん、カラフル野菜《やさい》　14

野菜《やさい》の出身地《しゅっしんち》を知《し》ろう　18

いろいろあるよ、野菜《やさい》の味《あじ》　22

◆農家《のうか》さんの部屋《へや》１　有機野菜《ゆうきやさい》って何《なに》？　26

第2章　野菜《やさい》ができるまで

自分《じぶん》が食《た》べる野菜《やさい》のことを知《し》ろう　28

おもな野菜《やさい》がとれる時期《じき》　34

農家《のうか》さんのお仕事《しごと》カレンダー　36

畑《はたけ》を探検《たんけん》してみよう　42

◆農家《のうか》さんの部屋《へや》２　農家《のうか》さんの働《はたら》き手《て》　46

第３章　野菜《やさい》とぼくたち・わたしたち

「食《た》べもの」を食《た》べることは、「命《いのち》」をもらうということ　48

「食《た》べもの」は、どうやってきたの？　～野菜編《やさいへん》～　50

親子《おやこ》で野菜《やさい》の話《はなし》をしよう　52

地域限定《ちいきげんてい》の野菜《やさい》を楽《たの》しもう　54

食料自給率《しょくりょうじきゅうりつ》について知《し》ろう　58

◆農家《のうか》さんの部屋《へや》３　野菜《やさい》を育《そだ》てるには　64

ふろく　カンタン野菜《やさい》スイーツレシピ集《しゅう》

ナスのコンポート　66

ピーマンのくるくるクレープ　70

ゴボウチョコマフィン　74

おわりに　78

野菜《やさい》のおもしろ写真館《しゃしんかん》①

ニンジンの双葉《ふたば》たち

最初《さいしょ》はこんなにたよりないけど、これからどんどん生長《せいちょう》していくんだよ。

畑《はたけ》ですくすく育《そだ》つ野菜《やさい》たち

畑《はたけ》へ行《い》くと、おもしろい発見《はっけん》がいっぱいあるんだ！！

白《しろ》ナス

見《み》て見《み》て！
白《しろ》いナスを発見《はっけん》。
ナスってむらさき色《いろ》だけじゃないんだね。

くきのところについている
小《ちい》さいキャベツみたいな野菜《やさい》。
食《た》べたことあるかな？

形《かたち》がキュウリににているズッキーニは、実《じつ》はカボチャの仲間《なかま》。
ずっと収穫《しゅうかく》しないでおくと、カボチャみたいに大《おお》きくなるんだよ。

右《みぎ》の写真《しゃしん》は、何《なん》の野菜《やさい》だと思《おも》う？
実《じつ》はこれ、
ふつうのキュウリなんだ。
種《たね》をとるために、収穫《しゅうかく》せずに
とっておくと、こんなふうに
黄色《きいろ》くなるんだ。

野《や》菜《さい》のおもしろ写《しゃ》真《しん》館《かん》②

カブトムシの幼虫《ようちゅう》

枯《かれ》葉《は》を集《あつ》めてつくった肥《ひ》料《りょう》の中《なか》に、いつのまにかまぎれこんでいたカブトムシの幼虫《ようちゅう》。大《おお》きいね！

？？？のたまご

何《なん》のたまごかわかったかな？
実《じつ》はこれ、テントウムシのたまごなんだ。

農薬《のうやく》を使《つか》わない畑《はたけ》では、野菜《やさい》に害《がい》をあたえない虫《むし》たちも、いっしょに育《そだ》っていくんだよ。

テントウムシの幼虫《ようちゅう》

テントウムシのさなぎ

なかには、野菜《やさい》に害《がい》をあたえる虫《むし》もいる。
カエルは、そんな虫《むし》を食《た》べてくれることもあるんだ。

カエルとブロッコリー

畑《はたけ》でクイズ！！

これは、皮《かわ》を残《のこ》して中身《なかみ》だけきれいに食《た》べられちゃったニンジンです。
犯人《はんにん》はいったいだれだと思う？

答《こた》えは42ページを読《よ》むとわかるよ！！

ようこそ！！野菜塾《やさいじゅく》へ

はじめまして！！
わたしも大好《だいす》きな野菜《やさい》のことを、
みんなでいっしょに
学《まな》んでいきましょう！！

◀あや先生《せんせい》

わたしは野菜《やさい》スイーツをつくる、パティシエの仕事《しごと》をしているよ。
今《いま》までたくさんの野菜《やさい》を、とってもおいしいスイーツに変身《へんしん》させてきたんだよ。

これは全部《ぜんぶ》、野菜《やさい》を使《つか》ったスイーツだよ。

ぼくは、
テングナスの
テンくんだよ。
よろしくね。

◀テンくん

テンくんのひみつ①

テングナスとは、愛知県《あいちけん》の一部《いちぶ》の地域《ちいき》でつくられているナスのこと。ふつうのナスの５倍以上《ばいいじょう》の大《おお》きさになるものもある。しかも、右《みぎ》の写真《しゃしん》のように、まるで天狗《てんぐ》の鼻《はな》がついているような実《み》ができることがあるんだよ。

▲天狗《てんぐ》

テンくんのひみつ②

鼻《はな》のついたテングナスの中《なか》でも、テンくんはさらに特別《とくべつ》なナスなんだ。魔法《まほう》を使《つか》って、時間《じかん》をさかのぼったり、場所《ばしょ》を移動《いどう》したりすることができるよ。

さあ、野菜《やさい》の世界《せかい》へ出発《しゅっぱつ》しよう！！

ぼく、丸《まる》ナスちゃん。
テンくんの友達《ともだち》。

第1章

野菜《やさい》のヒミツ

●クイズ●

同《おな》じ野菜《やさい》でも、色《いろ》がちがうものがある。

◯かな？　×かな？

(答《こた》えは、第《だい》1章《しょう》を読《よ》んでいくとわかるよ。)

色《いろ》がたくさん、カラフル野菜《やさい》

野菜《やさい》には、病気《びょうき》をふせいだり、
体《からだ》をじょうぶにしたりする
パワーがあるんだよ。
いろんな色《いろ》の野菜《やさい》をたくさん食《た》べて、
元気《げんき》な体《からだ》をつくろう！
今日《きょう》は何色《なんしょく》食《た》べたかな？
数《かぞ》えてみてね。

赤《あか》の野菜《やさい》のパワー

さまざまな病気《びょうき》を予防《よぼう》したり、肌《はだ》をきれいにしたりするパワーがあるよ。

赤組代表《あかぐみだいひょう》

- トマト
- スイカ
- トウガラシ
- 赤《あか》ピーマン

黄組代表《きぐみだいひょう》

- カボチャ
- ニンジン

黄《き》の野菜《やさい》のパワー

肌《はだ》やかみの毛《け》、つめなどを元気《げんき》にしたり、かぜなどのウイルスから体《からだ》を守《まも》ってくれたりするパワーがあるよ。

緑《みどり》の野菜《やさい》のパワー

体《からだ》の中《なか》にたまったいらないものを外《そと》に出《だ》したり、アレルギーをおさえたり、体《からだ》から出《で》るにおいを消《け》したりするパワーがあるよ。

ぼくは、
むらさき色《いろ》だけど、
ほかにもいろんな色《いろ》の
野菜《やさい》があるよね！

緑組代表《みどりぐみだいひょう》

- ホウレンソウ
- キャベツ
- 小松菜《こまつな》
- グリーンアスパラガス
- ピーマン
- ブロッコリー

むらさきの野菜《やさい》のパワー

つかれた目《め》を元気《げんき》にしたり、視力《しりょく》が下《さ》がるのを防《ふせ》いだりするパワーがあるよ。

むらさき組代表《ぐみだいひょう》

- ナス
- むらさきタマネギ
- むらさきイモ
- 赤《あか》シソ
- むらさきニンジン
- むらさきキャベツ

はじめまして。
ぼくら、どっちも
ピーマンだよ！
ぼくらも
ナス科《か》の
野菜《やさい》なんだ。
えっ!?
ピーマンって緑色《みどりいろ》だけ
だと思《おも》っていたよ。
しかも、
ぼくの仲間《なかま》なの？

ピーマンのひみつ

みんながよく知《し》っている緑色《みどりいろ》のピーマンは、実《じつ》はまだ若《わか》いピーマンなんだ。年《とし》をとって大人《おとな》になってくると、赤《あか》くなるんだよ。
ピーマンやトウガラシ、シシトウは、ナスやトマトと同《おな》じナス科《か》の仲間《なかま》なんだ。

センパイ!!

ピーマンとパプリカのちがい

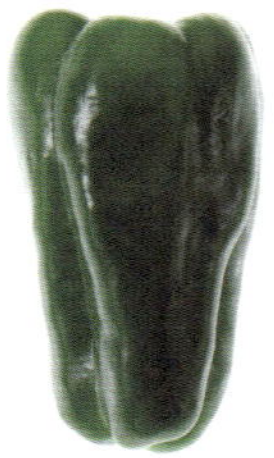
▲ピーマン

▲パプリカ

どちらも同《おな》じ仲間《なかま》だけど、よく見《み》ると形《かたち》がちがっているよ。
ピーマンは、細長《ほそなが》い形《かたち》をしているけど、パプリカは四角《しかく》っぽい形《かたち》をしていて、ピーマンよりも少《すこ》し大《おお》きいよ。

まだまだあるよ、色《いろ》ちがいの野菜《やさい》

同《おな》じ野菜《やさい》でも、色《いろ》ちがいのものがたくさんあるんだね。
おもしろい！

色《いろ》ちがいの野菜《やさい》は、
持《も》っている色素《しきそ》がちがうから、
同《おな》じ野菜《やさい》でもそれぞれ
ちがう栄養《えいよう》を持《も》っているんだよ。

野菜《やさい》の出身地《しゅっしんち》を知《し》ろう

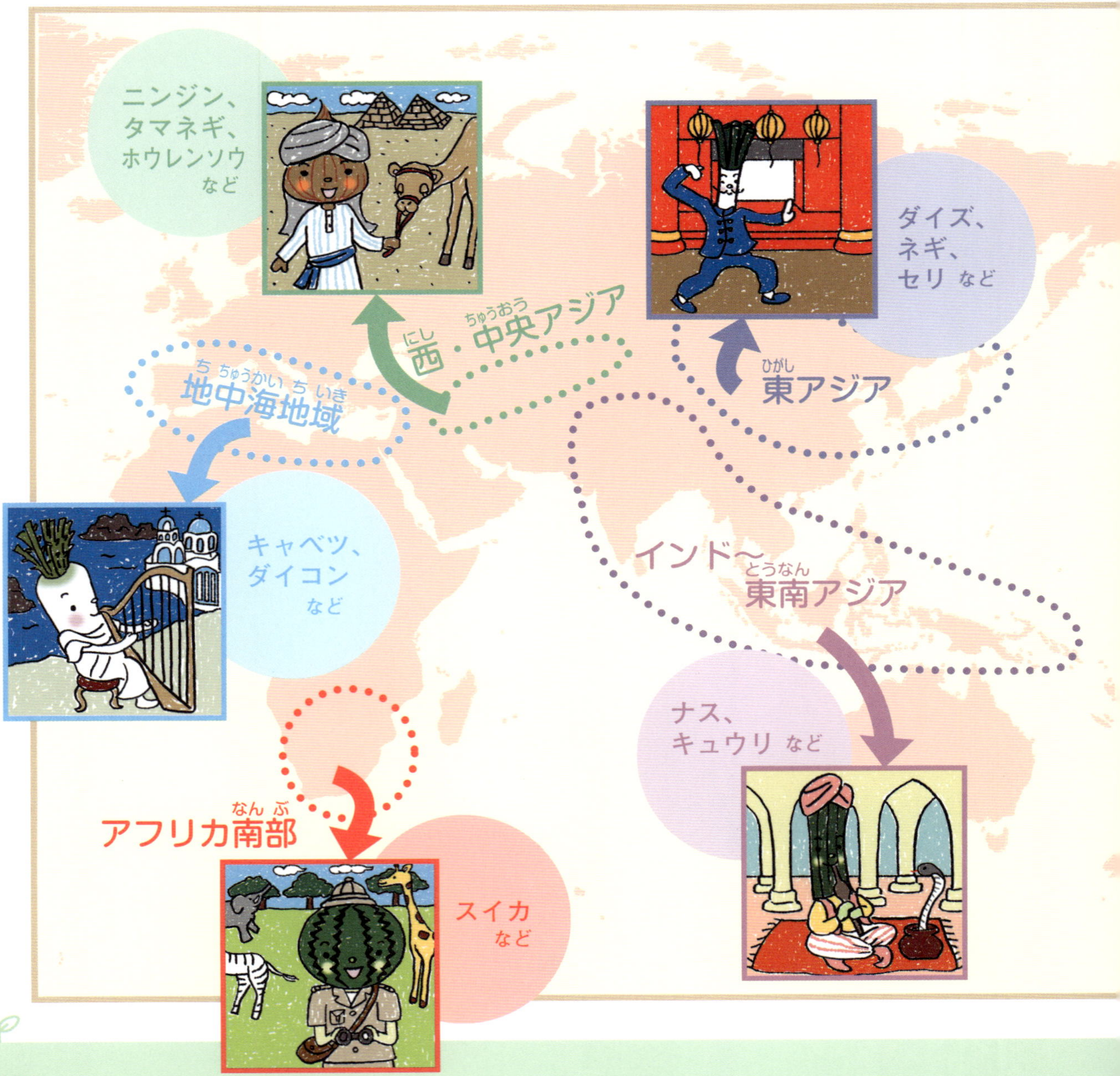

今《いま》は日本《にほん》でつくられている野菜《やさい》でも、もともとは外国《がいこく》からやってきたものがたくさんあるんだよ！

参考資料《さんこうしりょう》：農林水産省《のうりんすいさんしょう》ホームページより「農産物《のうさんぶつ》のふるさと」

ぼくたちナスの祖先《そせん》は、インドで生《う》まれたんだ！！

だから暑《あつ》さに負《ま》けないパワーがあるよ。

夏野菜《なつやさい》 暑《あつ》い地方出身《ちほうしゅっしん》！
夏《なつ》バテからすくってくれる野菜《やさい》たち

暑《あつ》い地方出身《ちほうしゅっしん》の野菜《やさい》たちは、暑《あつ》い夏《なつ》に不足《ふそく》しがちな水分《すいぶん》やミネラルという栄養《えいよう》をたっぷりとふくんでいて、夏《なつ》バテになりそうな体《からだ》をすくってくれるよ。

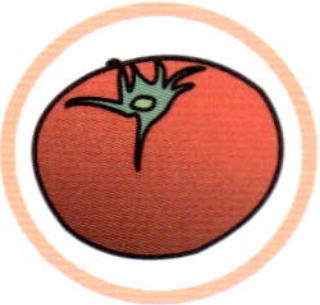

トマト
(tomato トマト)
ナス科《か》トマト属《ぞく》

南米《なんべい》で生《う》まれ、ヨーロッパにわたり、日本《にほん》では明治《めいじ》時代《じだい》から食用《しょくよう》として栽培《さいばい》されるようになった。

ナス
(eggplant エッグプラント)
ナス科《か》ナス属《ぞく》

インド生《う》まれ。日本《にほん》では奈良時代《ならじだい》から栽培《さいばい》されており、現在《げんざい》でも、全国各地《ぜんこくかくち》で多《おお》くの種類《しゅるい》が栽培《さいばい》されている。

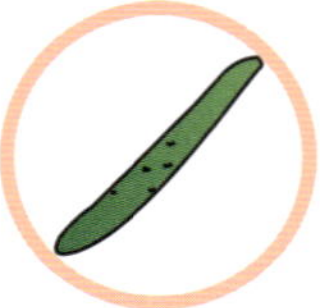

キュウリ
(cucumber キュウカンバー)
ウリ科《か》キュウリ属《ぞく》

インド生《う》まれ。さまざまな品種《ひんしゅ》ができた明治時代《めいじじだい》から、さかんに栽培《さいばい》されるようになった。

トウモロコシ
(sweetcorn スイートコーン)
イネ科《か》トウモロコシ属《ぞく》

ゆでて食《た》べるのは、「甘味種《かんみしゅ》」とよばれるもの。「爆裂種《ばくれつしゅ》」は、加熱《かねつ》するとポップコーンになる。

エダマメ
(green soybeans グリーンソイビーンズ)
マメ科《か》ダイズ属《ぞく》

ダイズの種子《しゅし》をまだ若《わか》いうちに収穫《しゅうかく》したもの。これを食《た》べるのは日本独特《にほんどくとく》の文化《ぶんか》。

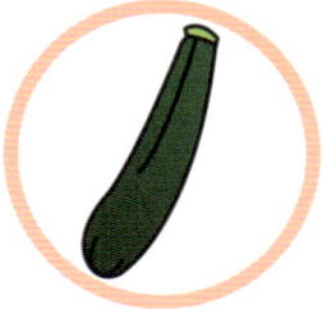

ズッキーニ
(zucchini ズッキーニ)
ウリ科《か》カボチャ属《ぞく》

キュウリによくにているが、実《じつ》はカボチャの仲間《なかま》。育《そだ》ち方《かた》もカボチャににている。

寒《さむ》い地方出身《ちほうしゅっしん》！冬野菜《ふゆやさい》

冬《ふゆ》の寒《さむ》さから守《まも》ってくれる野菜《やさい》たち

冬野菜《ふゆやさい》は、寒《さむ》さのためにこおってしまわないように、糖分《とうぶん》や栄養分《えいようぶん》をたくさんたくわえているよ。また、冬野菜《ふゆやさい》に多《おお》い根菜類《こんさいるい》を食《た》べると、体《からだ》をぽかぽかにしてくれるんだ。

ダイコン

（Japanese radish ジャパニーズラディッシュ）

アブラナ科《か》ダイコン属《ぞく》

4000年以上《ねんいじょう》も前《まえ》に、古代《こだい》エジプトで栽培《さいばい》されていた。日本《にほん》での栽培《さいばい》がさかんになったのは、江戸時代《えどじだい》から。

カブ

（turnip ターニップ）

アブラナ科《か》アブラナ属《ぞく》

地中海沿岸生《ちちゅうかいえんがんう》まれ。日本《にほん》へ伝《つた》わってきたのは1000年《ねん》以上《いじょう》も前《まえ》だといわれている。春《はる》の七草《ななくさ》の「すずな」。

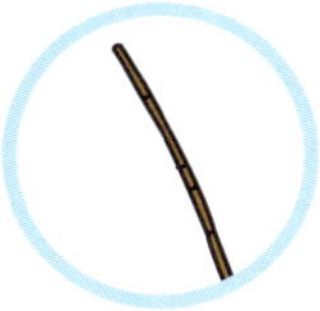

ゴボウ

（edible burdock エディブルバードック）

キク科《か》ゴボウ属《ぞく》

もともとは中国《ちゅうごく》で、薬《くすり》として使《つか》われてきた。ゴボウを調理《ちょうり》して食《た》べるのは日本独特《にほんどくとく》の文化《ぶんか》。

ホウレンソウ

（spinach スピナッチ）

アカザ科《か》ホウレンソウ属《ぞく》

中国《ちゅうごく》からきた東洋種《とうようしゅ》と、ヨーロッパからきた西洋種《せいようしゅ》がある。現在《げんざい》は両方《りょうほう》をかけあわせたものが主流《しゅりゅう》。

ハクサイ

（Chinese cabbage チャイニーズキャベッジ）

アブラナ科《か》アブラナ属《ぞく》

中国《ちゅうごく》で栽培《さいばい》されていた種《たね》を、日清戦争《にっしんせんそう》で出兵《しゅっぺい》していた日本兵《にほんへい》が持《も》ち帰《かえ》ったといわれている。

ブロッコリー

（broccoli ブロッコリー）

アブラナ科《か》アブラナ属《ぞく》

明治時代《めいじじだい》の初《はじ》めにカリフラワーとともに日本《にほん》に入《はい》ってきた。広《ひろ》まったのは1970年代《ねんだい》。

いろいろあるよ、野菜《やさい》の味《あじ》

野菜《やさい》にもいろんな味《あじ》があるんだって。

あまい野菜《やさい》

▲トマト

▲イチゴ

▲トウモロコシ

▲カボチャ

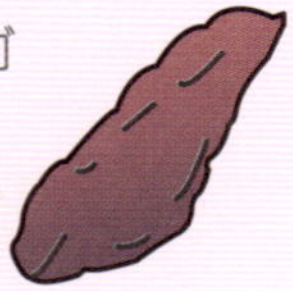

▲サツマイモ

★スイーツづくりにぴったり★

サツマイモやカボチャは、もともとその野菜《やさい》が持《も》っているあまさを生《い》かして、スイーツの材料《ざいりょう》として使《つか》われることが多《おお》いよ。

すっぱい野菜《やさい》

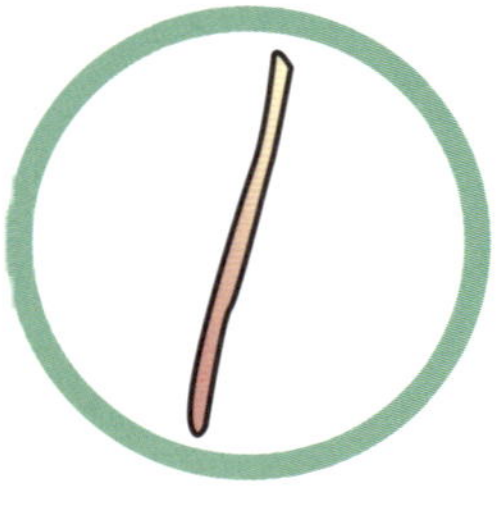

▲ルバーブ

ルバーブは、イギリスやフランスなどでよく食《た》べられているくきのような野菜《やさい》。見《み》た目《め》はフキみたいなのに、アンズのようにすっぱいんだ。そのままではすっぱすぎるので、さとうでにて、ジャムなどにすることが多《おお》いよ。

スイーツによく使《つか》うよ。

からい野《や》菜《さい》

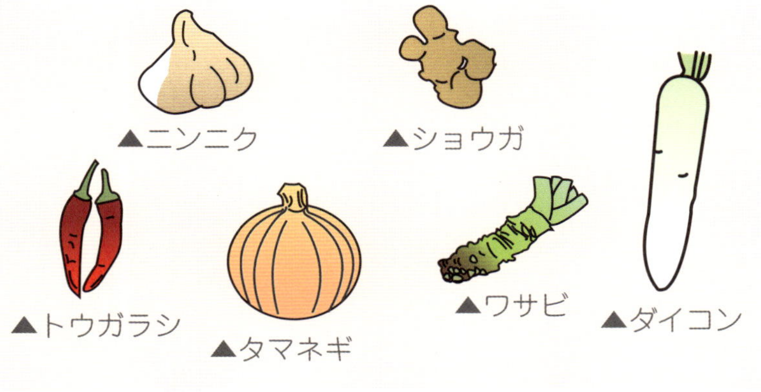

★火《ひ》を通《とお》すと あまくなるものも★

ダイコンやニンニク、タマネギなどは、火《ひ》を通《とお》すことでからみがやわらぎ、お料理《りょうり》のアクセントとしてちょうどよくなるんだ。

にがい野《や》菜《さい》

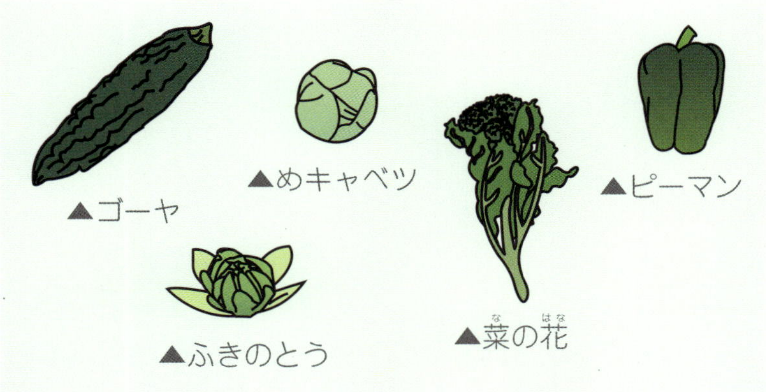

★にがみを おさえる方法《ほうほう》★

ゴーヤ、ピーマン、ふきのとうなどは、油《あぶら》を合《あ》わせると食《た》べやすくなるので、天《てん》ぷらがおすすめ。めキャベツや菜《な》の花《はな》は乳製品《にゅうせいひん》と合《あ》うので、グラタンやシチューにして食《た》べるとにがみが気《き》にならなくなるよ。

おうちの方《かた》へ

～ピーマンが苦手《にがて》な子《こ》には無理《むり》させない～

同《おな》じ栄養素《えいようそ》を持《も》つ、ほかの野菜《やさい》が食《た》べられる子《こ》には、無理《むり》して苦手《にがて》なものを食《た》べさせる必要《ひつよう》はないと思《おも》います。苦味《にがみ》は、大人《おとな》になるにつれて平気《へいき》になることが多《おお》い味覚《みかく》のひとつ。無理《むり》せずに食《た》べられるようになったら、「お、一歩《いっぽ》大人《おとな》になったね。」とほめてあげましょう。

あまい野菜《やさい》のところに
イチゴがあったけど、
イチゴって野菜《やさい》なの？

いろんな説《せつ》があるけれど、
野菜《やさい》に分類《ぶんるい》されることが
多《おお》いんだよ。

野菜《やさい》とくだもののちがいって何《なに》？

野菜《やさい》とくだものの区別《くべつ》のしかたは、はっきりとは決《き》まっていないんだ。
でも、次《つぎ》のような分《わ》け方《かた》があるよ。

★野菜《やさい》★

● 種《たね》を植《う》えてから、1、2年《ねん》の間《あいだ》に花《はな》が咲《さ》き、枯《か》れてしまうもの（1年《ねん》草《そう》、2年草《ねんそう》）。

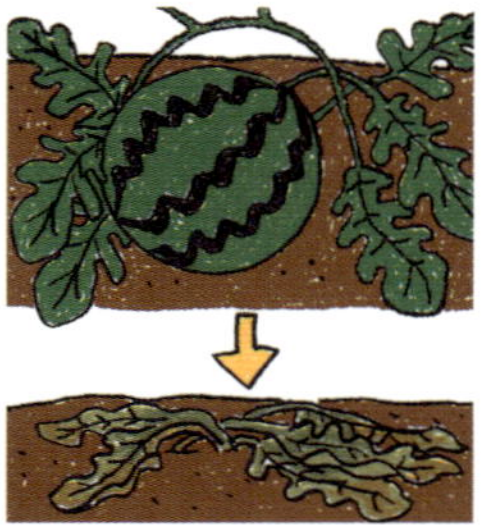

★くだもの★

● 1、2年《ねん》で枯《か》れることなく毎年《まいとし》実《み》をつけるもの（多年《たねん》草《そう》）。

この分《わ》け方《かた》だと、1年《ねん》ごとに収穫《しゅうかく》するスイカやイチゴは野菜《やさい》ということになるんだ。
でも、スーパーなどでは、スイカやイチゴはくだものコーナーで売《う》られていることが多《おお》いよ。

野菜《やさい》って奥《おく》が
深《ふか》くて楽《たの》しいね！

ねばねばする野菜《やさい》の不思議《ふしぎ》

野菜《やさい》にはいろんな味《あじ》があることがわかったかな。おまけに、ねばねばする野菜《やさい》についてしょうかいするよ。

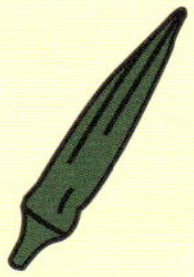

▲オクラ

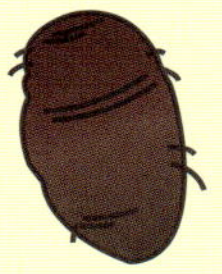

▲サトイモ

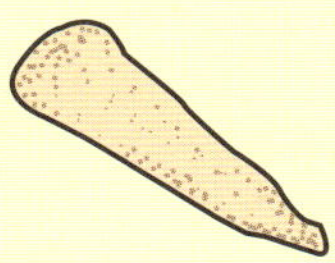

▲ヤマイモ

ねばねばの正体《しょうたい》の「ムチン」

上《うえ》の野菜《やさい》がねばねばするのは、ムチンがふくまれているからなんだ。

実《じつ》は人《ひと》の目《め》や口《くち》の中《なか》、胃《い》などの表面《ひょうめん》にあるねんまくは、すべてムチンでおおわれているんだ。かぜやインフルエンザなどのウイルスは、このねんまくを通《とお》して入《はい》ってくるから、ねばねば野菜《やさい》を食《た》べておけば、ムチンがねんまくを守《まも》ってくれて、かぜやインフルエンザにかかりにくくなるんだよ。

からい野菜《やさい》に要注意《ようちゅうい》!

からい野菜《やさい》を犬《いぬ》やねこ、ハムスターなどのペットにあたえてはいけないよ。人間《にんげん》よりも体《からだ》が小《ちい》さい動物《どうぶつ》たちは、特《とく》にニンニクやタマネギ（ネギ）を食《た》べると中毒《ちゅうどく》を起《お》こして、死《し》んでしまうこともあるんだ。つまみぐいもされないように、そばに置《お》かないなど注意《ちゅうい》してあげよう。

農家《のうか》さんの部屋《へや》 1

～有機野菜《ゆうきやさい》って何《なに》？～

「いらっしゃい。きみは、テングナスだね。」

「はい。テンくんってよんでください。
教《おし》えてほしいことがあるんです。有機野菜《ゆうきやさい》って何《なん》ですか？」

「農薬《のうやく》や化学肥料《かがくひりょう》にたよらず育《そだ》てた野菜《やさい》のことだよ。」

「そういう野菜《やさい》はどこで買《か》えるんですか？」

「スーパーでも売《う》っているよ。このマークを目印《めじるし》にすればいい。」

JAS
認定機関名

「じゃあ、このマークのあるなしで、
有機野菜《ゆうきやさい》かどうかを判断《はんだん》すればいいですか？」

「そうだね。でも、このマークがなくても、
有機野菜《ゆうきやさい》を育《そだ》てて売《う》っている農家《のうか》さんは、たくさんいるんだよ。」

「そういう農家《のうか》さんの野菜《やさい》は、どこで買《か》えるんですか？」

「農産物直売所《のうさんぶつちょくばいじょ》で売《う》っている人《ひと》もいるし、最近《さいきん》ではお客《きゃく》さんのもとへ
直接《ちょくせつ》野菜《やさい》を送《おく》る、宅配《たくはい》サービスをしている農家《のうか》さんも増《ふ》えているよ。」

「マークがなくても、信頼《しんらい》できる農家《のうか》さんを見《み》つければ、
有機野菜《ゆうきやさい》を買《か》うことができるんですね。」

第2章

野菜《やさい》ができるまで

●クイズ●

ゴボウは土《つち》の中《なか》で育《そだ》つ。

◯かな？　×かな？

(答《こた》えは、第《だい》２章《しょう》を読《よ》んでいくとわかるよ。)

第2章

自分《じぶん》が食《た》べる野菜《やさい》のことを知《し》ろう

▲74~77ページにつくり方《かた》が書《か》いてあるよ。

ケーキに入《はい》る前《まえ》

買《か》ってきたとき

ゴボウはどうやってぬくの？

ゴボウは、土《つち》の中《なか》にすっぽりうまっているよ。長《なが》いものなら１メートルをこえることもあるんだ。そんなに長《なが》いゴボウを、一本一本《いっぽんいっぽん》、とちゅうでおれたりしないように手《て》でぬくのはとてもたいへんな作業《さぎょう》なんだ。そのため、ゴボウを一度《いちど》にたくさんぬくことができる、専用《せんよう》の機械《きかい》も使《つか》われているよ。

根菜《こんさい》ってなあに？

ゴボウのように、土《つち》の中《なか》にうまっている部分《ぶぶん》を食《た》べる野菜《やさい》のことを根菜《こんさい》というよ。下《した》の野菜《やさい》も根菜《こんさい》の仲間《なかま》だよ。

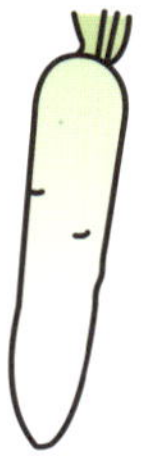
▲ダイコン

▲カブ

▲ショウガ

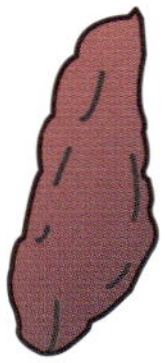
▲サツマイモ

▲タマネギ

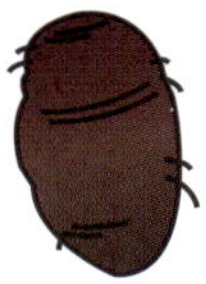
▲サトイモ

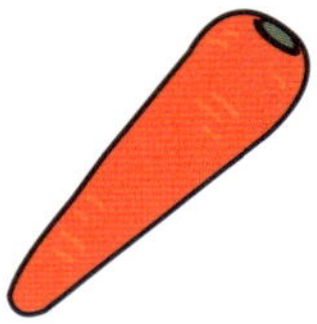
▲ニンジン

おうちの方《かた》へ

～ゴボウはぜひ皮《かわ》つきのまま使《つか》ってみてください～

長《なが》い間《あいだ》、ゴボウは皮《かわ》をむき、アクぬきをしてから調理《ちょうり》するのが一般的《いっぱんてき》でした。しかし、最近《さいきん》になって、この方法《ほうほう》だとせっかくの栄養素《えいようそ》が失《うしな》われてしまうことがわかりました。ゴボウは洗《あら》ってどろを落《お》とすだけで、皮《かわ》つきのまま使《つか》ってみてください。ニンジンやカブ、ダイコンも同様《どうよう》です。
また、ゴボウについているどろは乾燥《かんそう》を防《ふせ》ぎ、新鮮《しんせん》な状態《じょうたい》を長《なが》く保《たも》つことができるので、ゴボウを買《か》う際《さい》は、どろつきのものをおすすめします。

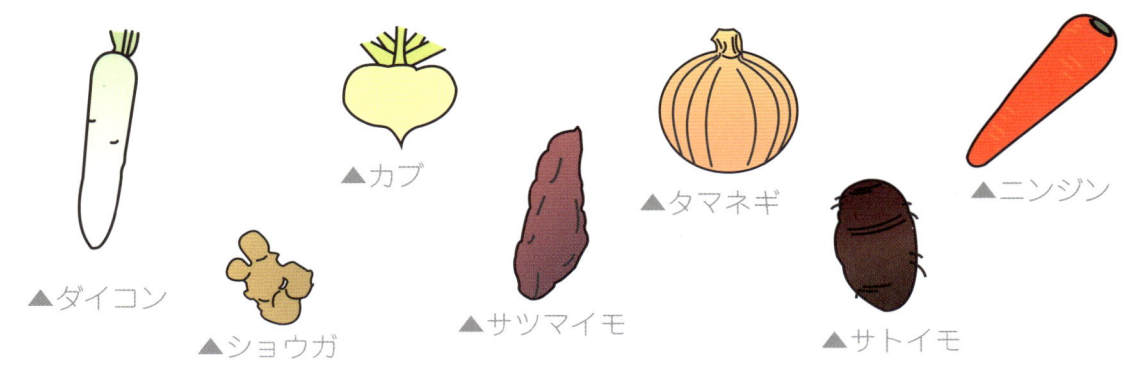

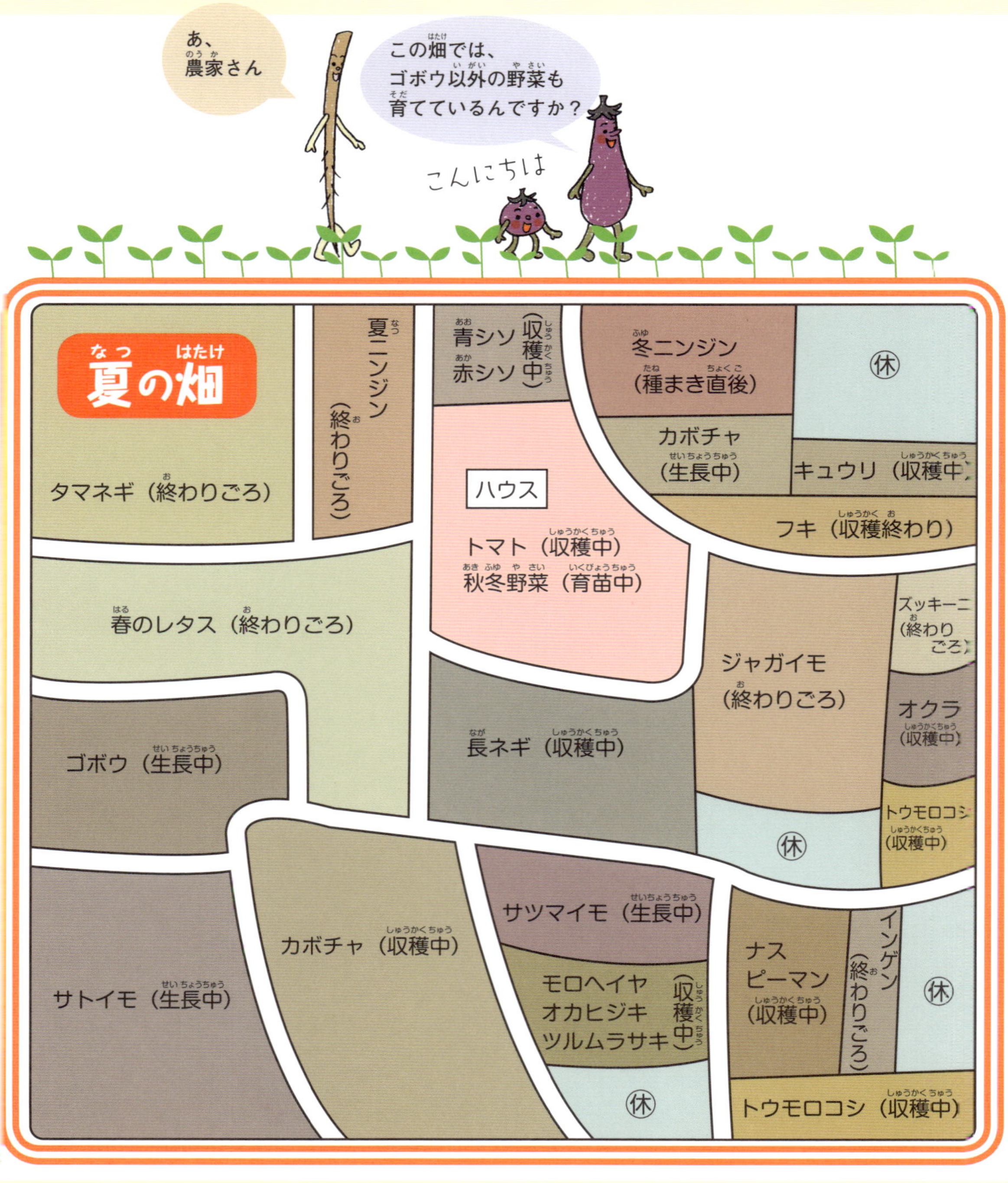
あ、
農家《のうか》さん
この畑《はたけ》では、
ゴボウ以外《いがい》の野菜《やさい》も
育《そだ》てているんですか？
こんにちは
夏《なつ》の畑《はたけ》
夏《なつ》ニンジン（終《お》わりごろ）
タマネギ（終《お》わりごろ）
青《あお》シソ
赤《あか》シソ
（収穫中《しゅうかくちゅう》）
冬《ふゆ》ニンジン
（種《たね》まき直後《ちょくご》）
休
カボチャ
（生長中《せいちょうちゅう》）
キュウリ（収穫中《しゅうかくちゅう》）
ハウス
トマト（収穫中《しゅうかくちゅう》）
秋冬野菜《あきふゆやさい》（育苗中《いくびょうちゅう》）
フキ（収穫終《しゅうかくお》わり）
春《はる》のレタス（終《お》わりごろ）
ジャガイモ
（終《お》わりごろ）
ズッキーニ
（終《お》わりごろ）
オクラ
（収穫中《しゅうかくちゅう》）
ゴボウ（生長中《せいちょうちゅう》）
長《なが》ネギ（収穫中《しゅうかくちゅう》）
休
トウモロコシ
（収穫中《しゅうかくちゅう》）
サトイモ（生長中《せいちょうちゅう》）
カボチャ（収穫中《しゅうかくちゅう》）
サツマイモ（生長中《せいちょうちゅう》）
モロヘイヤ
オカヒジキ
ツルムラサキ
（収穫中《しゅうかくちゅう》）
休
ナス
ピーマン
（収穫中《しゅうかくちゅう》）
インゲン（終《お》わりごろ）
休
トウモロコシ（収穫中《しゅうかくちゅう》）

おっ、いらっしゃい。うちの畑《はたけ》では、季節《きせつ》ごとにさまざまな野菜《やさい》を植《う》えて、育《そだ》てているよ。同《おな》じ畑《はたけ》でも夏《なつ》と冬《ふゆ》ではまったくようすがちがうんだよ。

※この図《ず》は、北関東《きたかんとう》の農家《のうか》さんに取材《しゅざい》した内容《ないよう》をもとに、わかりやすくまとめたものです。実際《じっさい》の畑《はたけ》のようすは、地域《ちいき》や農家《のうか》さんごとに異《こと》なります。

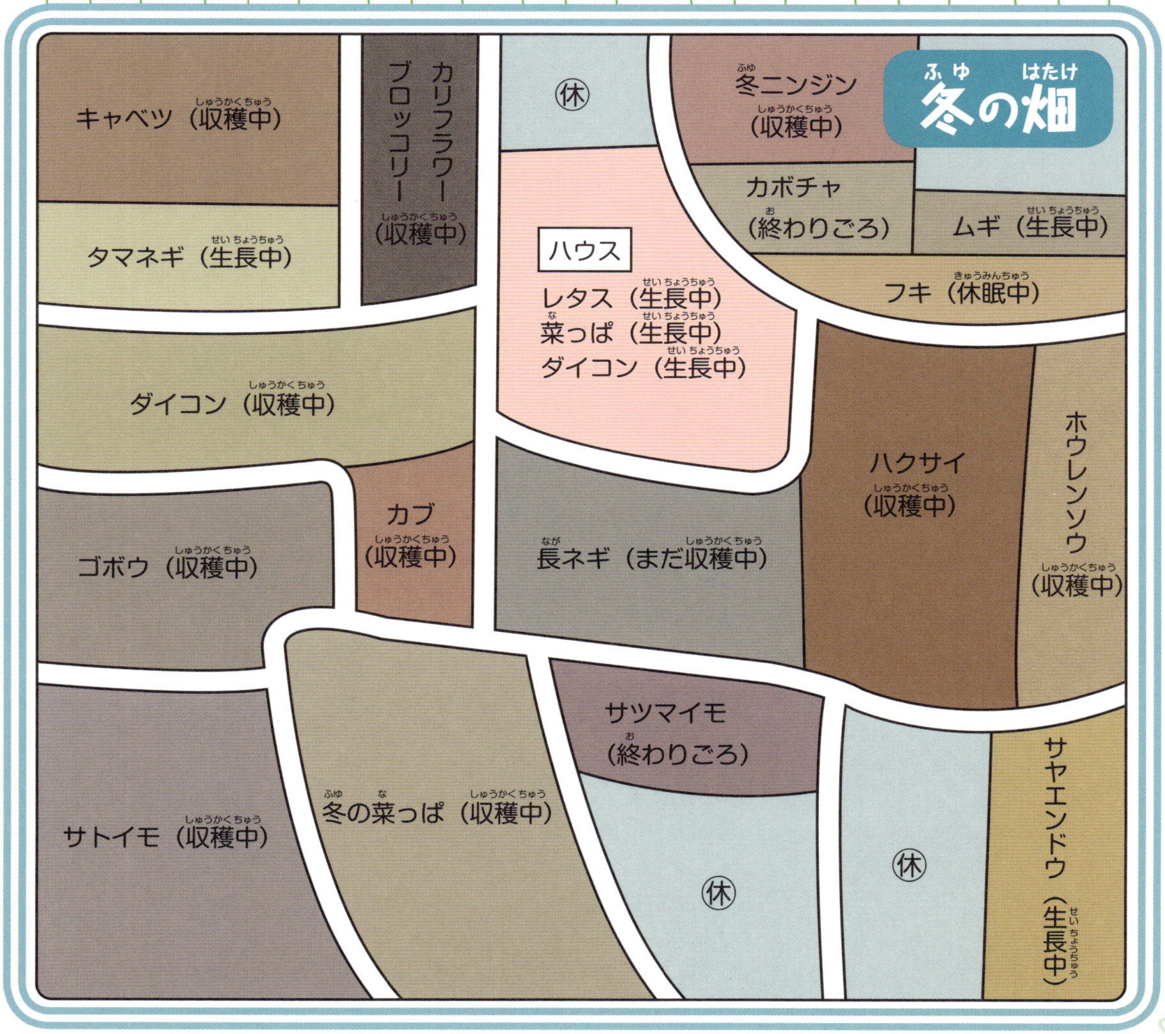

おもな野菜《やさい》がとれる時期《じき》

農家《のうか》さんにおもな野菜《やさい》がとれる時期《じき》を教《おし》えてもらったよ。

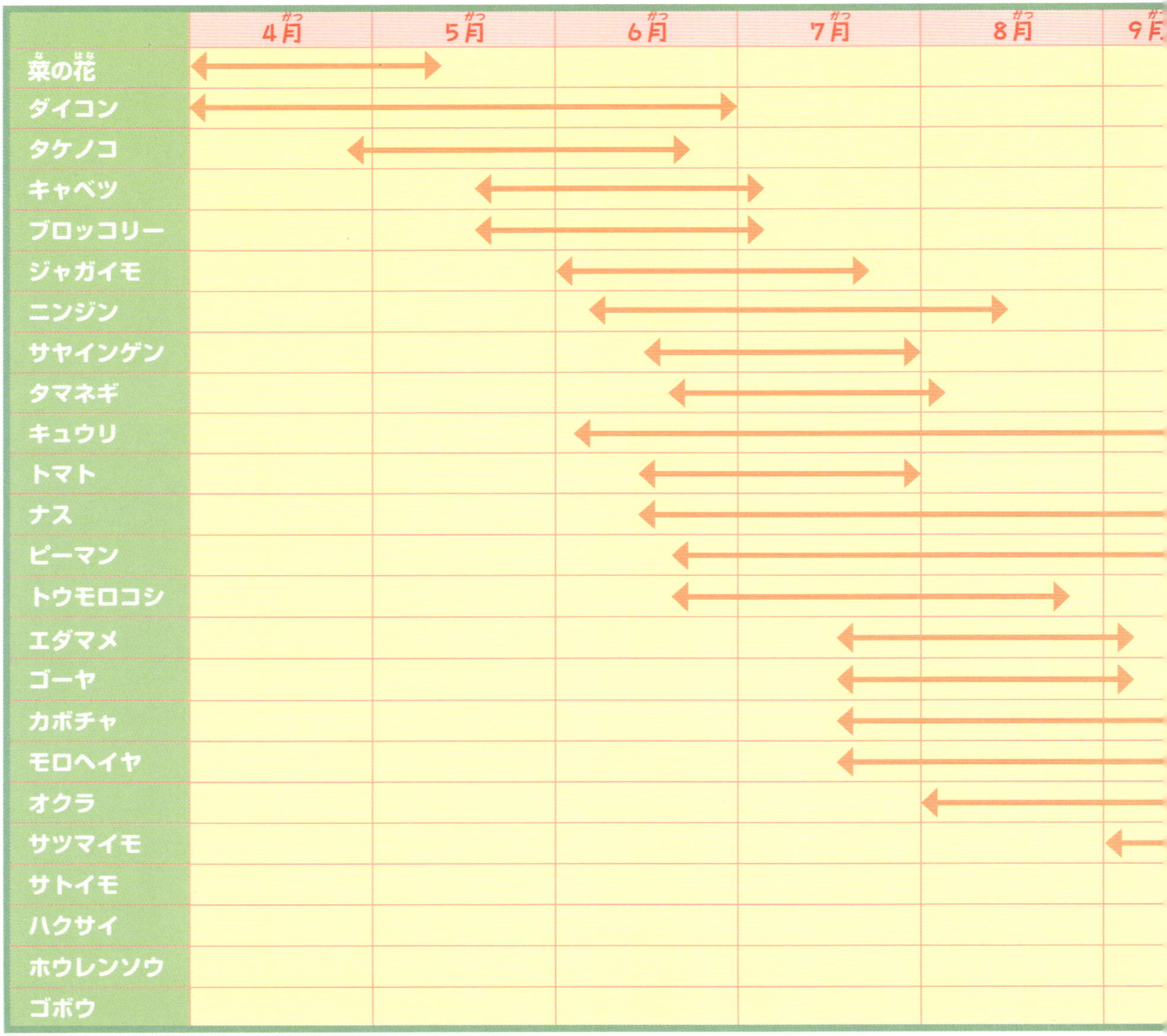

これは、北関東《きたかんとう》の例《れい》だよ。同《おな》じ野菜《やさい》でも、地域《ちいき》によって気候《きこう》がちがうから、とれる時期《じき》も変《か》わってくるんだ。
1年《ねん》に2回《かい》とれる野菜《やさい》もあるんだね。

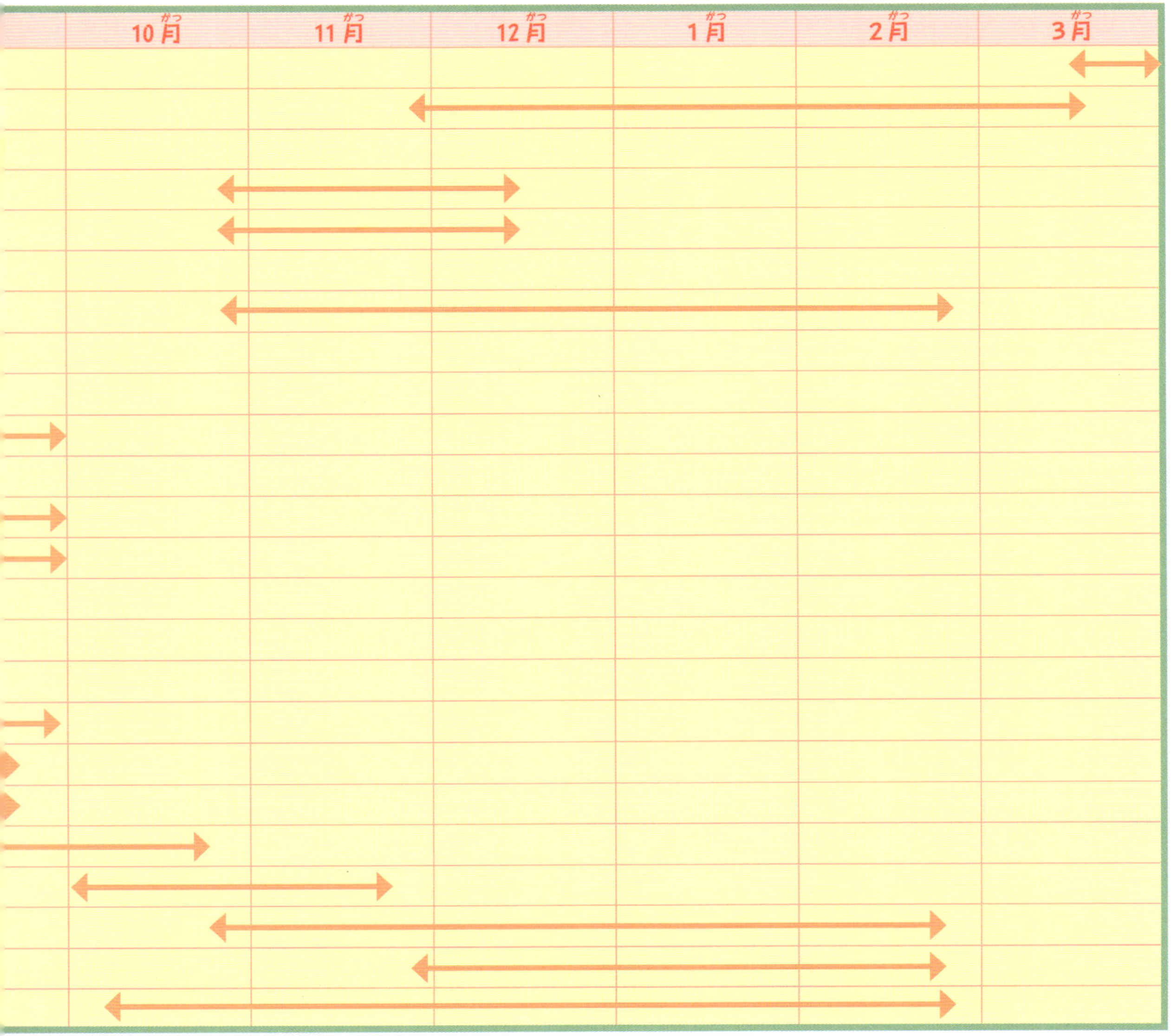
10月《がつ》
11月《がつ》
12月《がつ》
1月《がつ》
2月《がつ》
3月《がつ》

農家《のうか》さんのお仕事《しごと》カレンダー

農家《のうか》さんに、一年間《いちねんかん》のお仕事《しごと》について教《おし》えてもらったよ。

4月《がつ》のお仕事《しごと》

○種《たね》をまく
(露地《ろじ》*の葉《は》もの野菜《やさい》など)

○苗《なえ》を植《う》える
(ハウスで育《そだ》てた春夏野菜《はるなつやさい》の苗《なえ》を露地《ろじ》に植《う》えつける)

○春野菜《はるやさい》の世話《せわ》

* 「露地《ろじ》」とは、屋根《やね》のない地面《じめん》のこと。農業《のうぎょう》では、ハウス栽培《さいばい》ではないことをいうよ。

▲ハウスで育《そだ》てたサヤインゲンの苗《なえ》

5月《がつ》のお仕事《しごと》

○春《はる》・夏野菜《なつやさい》の世話《せわ》(ニンジンの間引《まび》き*など)　○夏野菜《なつやさい》の苗《なえ》を植《う》える

* 「間引《まび》き」とは、生長中《せいちょうちゅう》の苗《なえ》を選《えら》んでぬいてしまうこと。苗《なえ》がこみあっていると大《おお》きく生長《せいちょう》できないので、丈夫《じょうぶ》な苗《なえ》を残《のこ》して、ぬくことをいうよ。ぬいたニンジンも、もちろん食《た》べられるよ。

おそ霜《しも》に注意《ちゅうい》!!

4月《がつ》の終《お》わりから5月《がつ》の初《はじ》めにかけて、霜《しも》がおりることがあるんだ。これから育《そだ》つ夏野菜《なつやさい》は、霜《しも》が大《だい》の苦手《にがて》だから、油断《ゆだん》は禁物《きんもつ》なんだよ。

▲間引《まび》きした小《ちい》さいニンジン

※このカレンダーは、北関東《きたかんとう》の農家《のうか》さんに取材《しゅざい》した内容《ないよう》をもとに、わかりやすくまとめたものです。実際《じっさい》の月《つき》ごとの仕事《しごと》の内容《ないよう》は、地域《ちいき》や農家《のうか》さんによって異《こと》なります。

6月《がつ》のお仕事《しごと》

○**夏野菜《なつやさい》の世話《せわ》**（草《くさ》とりなど）

★農薬《のうやく》を使《つか》わないで野菜《やさい》を育《そだ》てるには、自然《しぜん》との共存《きょうぞん》がかかせない。野菜《やさい》を食《た》べたり、野菜《やさい》を病気《びょうき》にしてしまう虫《むし》もいるけど、野菜《やさい》の味方《みかた》になってくれる虫《むし》もいるんだ。

虫《むし》がいたってへっちゃら

有機野菜《ゆうきやさい》を買《か》うと、ときどき虫《むし》がついていることがある。でも、これは農薬《のうやく》にたよらずに育《そだ》った野菜《やさい》のしょうこ。虫《むし》をとってしまえば、まったく問題《もんだい》ないんだよ。

▲すくすく育《そだ》つトウモロコシ

7月《がつ》のお仕事《しごと》

○**春野菜《はるやさい》の片《かた》づけ**

○**夏野菜《なつやさい》の世話《せわ》**（草《くさ》とりなど）

○**秋野菜《あきやさい》の種《たね》をまく**

★気温《きおん》が高《たか》くなり、野菜《やさい》がぐんぐん生長《せいちょう》する時期《じき》は、草《くさ》もぐんぐんのびてしまう。野菜《やさい》に十分《じゅうぶん》な光《ひかり》や栄養《えいよう》が行《い》きわたるよう、草《くさ》とりも重要《じゅうよう》な仕事《しごと》なんだよ。

▲赤《あか》くなりはじめたトマト

8月《がつ》のお仕事《しごと》

○夏野菜《なつやさい》の世話《せわ》（草《くさ》とりなど）　○秋野菜《あきやさい》の種《たね》をまく

★暑《あつ》い日《ひ》の外仕事《そとしごと》はたいへん。
朝《あさ》5時《じ》ごろから畑《はたけ》で作業《さぎょう》をしているので、水分《すいぶん》を十分《じゅうぶん》にとり、お昼寝《ひるね》をして体力《たいりょく》を保《たも》つよ。真夏《まなつ》の太陽《たいよう》を浴《あ》びて、野菜《やさい》はすくすく生長中《せいちょうちゅう》。その姿《すがた》に元気《げんき》をもらえるんだ。

畑《はたけ》の友達《ともだち》

畑《はたけ》で出会《であ》うカマキリやアマガエルは、野菜《やさい》を食《た》べたり、病気《びょうき》をうつしたりする害虫《がいちゅう》を食《た》べてくれる、たのもしい存在《そんざい》なんだ。

▲畑《はたけ》で出会《であ》ったアマガエル

9月《がつ》のお仕事《しごと》

○秋野菜《あきやさい》の種《たね》をまく　○害虫《がいちゅう》への対策《たいさく》・駆除《くじょ》

★農薬《のうやく》を使《つか》わない場合《ばあい》、害虫《がいちゅう》が発生《はっせい》しやすい時期《じき》は、野菜《やさい》をネットでおおったり、ワナをしかけて虫《むし》をとったりするよ。それらができない野《や》菜《さい》については、根気《こんき》よく探《さが》して手《て》でとるしかないんだ。

畑《はたけ》の天敵《てんてき》

害虫《がいちゅう》のなかでも、はすもんよとう虫《むし》はいちばんの強敵《きょうてき》。どんな野菜《やさい》も食《た》べるし、たまごをたくさん産《う》んで増《ふ》えるんだ。メスのホルモンを使《つか》ったワナでオスを集《あつ》め、たまごが産《う》まれないようにしているよ。

▲はすもんよとう虫《むし》の被害《ひがい》にあったキャベツ

10月《がつ》のお仕事《しごと》

○秋野菜《あきやさい》の世話《せわ》　○サツマイモの掘《ほ》りとり　○冬《ふゆ》ニンジンの間引《まび》き

★すずしい日《ひ》が多《おお》くなり、暑《あつ》さに弱《よわ》い秋野菜《あきやさい》がすくすく育《そだ》つころには、サツマイモもぐんと太《ふと》るんだ。この時期《じき》に全部《ぜんぶ》掘《ほ》っておき、湿度《しつど》や温度《おんど》に注意《ちゅうい》しながら保存《ほぞん》しておくと、春先《はるさき》まで出荷《しゅっか》することができるんだよ。

▲掘《ほ》りとったサツマイモ

同《おな》じイモでも……？

サトイモはサトイモ科《か》、ジャガイモはナス科《か》、サツマイモはヒルガオ科《か》なんだよ。

11月《がつ》のお仕事《しごと》

○冬野菜《ふゆやさい》の世話《せわ》（野菜《やさい》の防寒対策《ぼうかんたいさく》など）
○冬《ふゆ》を越《こ》す野菜《やさい》の植《う》えつけ（タマネギ）、種《たね》まき（ムギ、サヤエンドウなど）

★寒《さむ》さにさらされた野菜《やさい》たちは、自《じ》分《ぶん》で糖分《とうぶん》をたくわえ、細胞《さいぼう》を強《つよ》くして、真冬《まふゆ》の寒《さむ》さに備《そな》えようとするんだ。だから、冬野菜《ふゆやさい》はあまくておいしいんだよ。あまりに寒《さむ》さが厳《きび》しいときは、ビニールのトンネルでおおって、寒《さむ》さから守《まも》ってあげるんだ。

▲11月《がつ》の畑《はたけ》の様子《ようす》

12月《がつ》のお仕事《しごと》

○白菜《はくさい》の冬囲《ふゆがこ》い*
○サトイモいけ*、
ダイコンいけ*

* 1月《がつ》からの厳《きび》しい寒《さむ》さや霜《しも》に、野菜《やさい》が何度《なんど》もさらされると、食《た》べられなくなってしまうんだ。
そこで、次《つぎ》のような方法《ほうほう》で、生《い》きたまま保存《ほぞん》しておくことがあるよ。

▲白菜《はくさい》の冬囲《ふゆがこ》いの様子《ようす》

▲ダイコンいけの様子《ようす》

白菜《はくさい》の冬囲《ふゆがこ》い…根《ね》がついたまま全部《ぜんぶ》ひっこぬいて、一《いっ》か所《しょ》に固《かた》め、ワラや布《ぬの》でおおう。

サトイモ・ダイコンいけ…葉《は》を切《き》り、土《つち》の中《なか》にすっぽりうめる。

1月《がつ》のお仕事《しごと》

○去年《きょねん》の反省《はんせい》・今年《ことし》の計画《けいかく》　○腐葉土《ふようど》づくり (45ページを見《み》てね)

★寒《さむ》さのため種《たね》をまいても育《そだ》たない時期《じき》なので、保存《ほぞん》してある野菜《やさい》を出荷《しゅっか》しているよ。畑《はたけ》がいそがしくないこの時期《じき》に、去年《きょねん》の反省《はんせい》をもとに、今年《ことし》は何《なに》をどのくらい、いつ植《う》えるかなど、一年間《いちねんかん》の計画《けいかく》を立《た》てておくんだ。

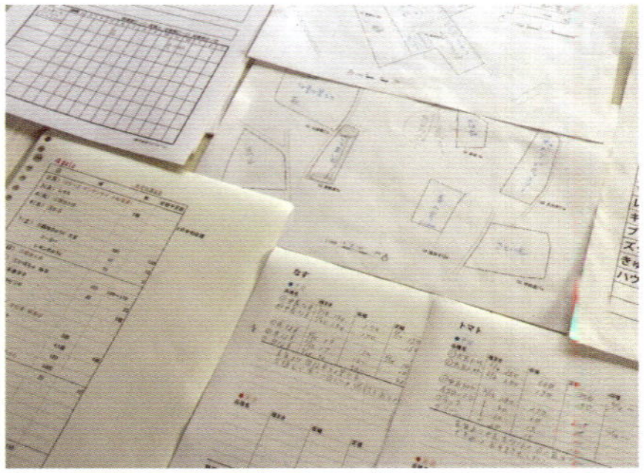

▲1年間《ねんかん》の計画表《けいかくひょう》

霜《しも》がれに注意《ちゅうい》！！

霜《しも》にあたると、野菜《やさい》は枯《か》れて死《し》んでしまうんだよ。

2月《がつ》のお仕事《しごと》

○ハウスの温床《おんしょう》*づくり　○トマトやブロッコリーの種《たね》まき
○苗《なえ》づくり

*「温床《おんしょう》」とは、苗《なえ》を育《そだ》てるための温《あたた》かいベッドのこと。1月《がつ》に集《あつ》めておいた木《こ》の葉《は》やワラ、米《こめ》ぬかなどを水《みず》とまぜておくと、発酵《はっこう》して熱《ねつ》が出《で》てくるんだ。

▲苗《なえ》を育《そだ》てるハウスの中《なか》

植物《しょくぶつ》のパワーにびっくり！！

ネギのねっとりした部分《ぶぶん》には糖分《とうぶん》がふくまれているんだ。これは、寒《さむ》さから細胞《さいぼう》を守《まも》るために、ネギが自分《じぶん》でしている工夫《くふう》なんだよ。

3月《がつ》のお仕事《しごと》

○ハウス内《ない》の野菜《やさい》の世話《せわ》　○ジャガイモ植《う》え　○畑《はたけ》に肥料《ひりょう》をまいて耕《たがや》す

★冬《ふゆ》を越《こ》した野菜《やさい》の多《おお》くは、春《はる》になると新《あたら》しい葉《は》や根《ね》をのばして、花《はな》を咲《さ》かせるんだ。そして、種《たね》ができて、やがて新《あたら》しい芽《め》が育《そだ》っていくんだよ。

▲小松菜《こまつな》の花《はな》

菜《な》の花《はな》のひみつ

ダイコンや小松菜《こまつな》など、アブラナ科《か》の野菜《やさい》の花《はな》は、すべて菜《な》の花《はな》なんだ。つまり、菜《な》の花《はな》にはいろんな種類《しゅるい》があるんだよ。

畑《はたけ》を探検《たんけん》してみよう

魔法《まほう》を使《つか》って、
いろんな季節《きせつ》の畑《はたけ》の
様子《ようす》を探《さぐ》っていくよ！

発見《はっけん》その1

虫《むし》も動物《どうぶつ》もおいしい野菜《やさい》に夢中《むちゅう》！！

野菜《やさい》がおいしい時期《じき》になってくると、特《とく》に有機栽培《ゆうきさいばい》では、虫《むし》や小動物《しょうどうぶつ》たちが、収穫前《しゅうかくまえ》の野菜《やさい》を食《た》べてしまうことがあるよ。全部食《ぜんぶた》べられちゃったらこまるけど、みんな生《い》きていくために必要《ひつよう》なことだから、生《い》きものたちも必死《ひっし》なんだね。
土《つち》の中《なか》に生《は》える野菜《やさい》（根菜《こんさい》）を、土《つち》の中《なか》にもぐっていって、食《た》べている動物《どうぶつ》もいるよ。
農家《のうか》さんのお話《はなし》では、土《つち》の中《なか》のニンジンを回《まわ》りの皮《かわ》だけきれいに残《のこ》して、中身《なかみ》をすっかり食《た》べていたネズミがいたんだって。

▲ナスを食《た》べている青虫《あおむし》

▲ネズミが中《なか》をくりぬいて食《た》べてしまったニンジン

ハチさんにお願《ねが》い！ たくさんの実《み》をつけるため

発見《はっけん》 その2

実《み》を食《た》べる野菜《やさい》では、花《はな》が咲《さ》いたあとに、「受粉《じゅふん》」というのが行《おこな》われないといけないんだ。
受粉《じゅふん》とは、おしべの花粉《かふん》がめしべの先《さき》のところにつくことだよ。おしべの花粉《かふん》が自然《しぜん》にめしべの先《さき》まで運《はこ》ばれることもあるけれど、野菜《やさい》によってはなかなか難《むずか》しいこともあるんだ。
イチゴやトマトを育《そだ》てている農家《のうか》さんの中《なか》には、ハチの力《ちから》を借《か》りて、受粉《じゅふん》を行《おこな》っているところもあるんだよ。

①

時期《じき》がきたら、巣箱《すばこ》を畑《はたけ》に置《お》く。

②

ハチがみつを集《あつ》めるために、イチゴの花《はな》から花《はな》へと飛《と》びまわる。

③

ハチのおしりや足《あし》などにくっついた、おしべの花粉《かふん》が、めしべの先《さき》につく。

④

たくさんの花《はな》が受粉《じゅふん》して、たくさんの実《み》がなる。

発見《はっけん》 その3

畑《はたけ》を色《いろ》どる野菜《やさい》の花々《はなばな》

野菜《やさい》の花《はな》って、
見《み》たことある？
いろんな花《はな》があったよ。

▲オクラの花《はな》

▲トマトの花《はな》

▲ダイコンの花《はな》

▲ゴボウの花《はな》

▲ニラの花《はな》

▲スナップエンドウの花《はな》

発見《はっけん》その4

天然《てんねん》の材料《ざいりょう》でつくった肥料《ひりょう》

枯葉《かれは》を集《あつ》めてつんでおくと、時間《じかん》をかけて葉《は》っぱが発酵《はっこう》していくんだ。こうしてできたものを「腐葉土《ふようど》」というよ。これは栄養満点《えいようまんてん》で水《みず》はけのよい、すばらしい肥料《ひりょう》なんだ。
化学肥料《かがくひりょう》を使《つか》わない農家《のうか》さんでは、腐葉《ふよう》土《ど》をつくり、野菜《やさい》を育《そだ》てるときの栄養分《えいようぶん》にしているんだよ。

▲枯葉《かれは》を集《あつ》めて腐葉土《ふようど》をつくっているところ

大《おお》きな機械《きかい》はかかせないパートナー

▲畑《はたけ》をたがやすトラクター

土《つち》をたがやしたり、野菜《やさい》を掘《ほ》りおこして収穫《しゅうかく》したりと、農家《のうか》さんの仕事《しごと》は力《ちから》を使《つか》う場面《ばめん》が多《おお》い。だから、トラクターなどの機械《きかい》を使《つか》うこともあるよ。
人《ひと》が作業《さぎょう》するより、何倍《なんばい》も早《はや》く終《お》えられることもあって、機械《きかい》を使《つか》う農家《のうか》さんは多《おお》いんだ。でも、機械《きかい》を買《か》うにはたくさんのお金《かね》がかかる。しっかり管理《かんり》して、故障《こしょう》したら修理《しゅうり》しながら、大事《だいじ》に大事《だいじ》に使《つか》っているんだ。

農家《のうか》さんの部屋《へや》 2

～農家《のうか》さんの働《はたら》き手《て》～

「農家《のうか》さんで働《はたら》いているのは、男《おとこ》の人《ひと》が多《おお》いですか？」

「そうともかぎらないよ。女《おんな》の人《ひと》もたくさんいる。女性《じょせい》のほうが、料理《りょうり》をよくする人《ひと》が多《おお》いから、こういう野菜《やさい》があるといいなという意見《いけん》を参考《さんこう》にしているよ。」

「体力《たいりょく》をたくさん使《つか》いそうだから、男《おとこ》の人《ひと》に向《む》いているのかと思《おも》っていました。」

「そういう面《めん》もあるけど、野菜《やさい》の変化《へんか》とか、細《こま》かいところに気《き》がつくのは、女性《じょせい》のほうが早《はや》いかもしれないね。男女助《だんじょたす》け合《あ》って働《はたら》いているよ。」

「若《わか》い人《ひと》もたくさんいますか？」

「農家《のうか》でも、高齢化《こうれいか》がすすんでいるんだ。でも、新《あら》たに農業《のうぎょう》につきたいという人《ひと》を、国《くに》が協力《きょうりょく》して応援《おうえん》する制度《せいど》もできて、若《わか》い人《ひと》も増《ふ》えはじめているよ。」

「農家《のうか》さんになりたい人《ひと》は、農家《のうか》さんのところへ行《い》けばいいんですか？」

「将来農業《しょうらいのうぎょう》につきたい人《ひと》を『研修生《けんしゅうせい》』として受《う》け入《い》れている農家《のうか》へ応募《おうぼ》するといいよ。そこで働《はたら》きながら、農業《のうぎょう》を学《まな》ぶことができるんだ。」

「学《まな》んだあとはどうなるのですか？」

「その農家《のうか》で働《はたら》きつづける人《ひと》もいれば、自立《じりつ》して新《あら》たに農家《のうか》になる人《ひと》もいるし、食品《しょくひん》をあつかう会社《かいしゃ》の農場《のうじょう》で働《はたら》く人《ひと》もいるよ。」

「野菜《やさい》をかわいがってくれる農家《のうか》さんが、たくさん増《ふ》えるといいな。」

第3章

野菜《やさい》とぼくたち・わたしたち

●クイズ●

ごはんを食《た》べるときの「いただきます」は、
だれに言《い》う言葉《ことば》かな？

① ご飯《はん》をつくってくれた人《ひと》
② 命《いのち》をくれた、野菜《やさい》や動物《どうぶつ》たち
③ 野菜《やさい》や動物《どうぶつ》を育《そだ》てたり、魚《さかな》をとってくれたりした人《ひと》たち
④ 野菜《やさい》や動物《どうぶつ》を加工《かこう》したり、運《はこ》んでくれたりした人《ひと》たち

(答《こた》えは、第《だい》3章《しょう》を読《よ》んでいくとわかるよ。)

「食《た》べもの」を食《た》べることは、「命《いのち》」をもらうということ

「いただきます」ってだれに言《い》う言葉《ことば》かな？

前《まえ》のページのクイズの答《こた》え、どれだと思《おも》った？

実《じつ》は、答《こた》えは①から④全部《ぜんぶ》だよ！

「いただきます」は、わたしたちが食事《しょくじ》をできるまでにかかわってくれた、みんなに対《たい》して言《い》う、感謝《かんしゃ》の言葉《ことば》。たくさんの人《ひと》、そして命《いのち》をくれた野菜《やさい》や動物《どうぶつ》たちに、毎回心《まいかいこころ》をこめてあいさつしよう。

このケーキの材料《ざいりょう》も、
さまざまな命《いのち》から
できているんだよ。

食《た》べものは、「もの」じゃない。
もともとは「命《いのち》」がある生《い》きものなんだ。
わたしたちの体《からだ》は、
ほかの生《い》きものから「命《いのち》」をもらってできていくんだよ。

「食《た》べもの」は、どうやってきたの？～野菜編《やさいへん》～

スタート

農家《のうか》が苗《なえ》や種《たね》から、野菜《やさい》を育《そだ》てる。

農家《のうか》が野菜《やさい》を収穫《しゅうかく》し、農協《のうきょう》などの団体《だんたい》に持《も》っていく。

※農協《のうきょう》などの団体《だんたい》や市場《いちば》を通《とお》さず、農家《のうか》が直接《ちょくせつ》直売所《ちょくばいじ》（55ページ参照《さんしょう》）で売《う》ったり、宅配《たくはい》（26ページ参照《さんしょう》）したりするケースも増《ふ》えています。

家《いえ》の人《ひと》がスーパーやお店《みせ》などで、野菜《やさい》を買《か》ってきて、料理《りょうり》をつくってくれる。

ここにくるまで、
長《なが》い旅《たび》をして
きたんだよ。

ゴール

毎日《まいにち》の食事《しょくじ》で、野菜《やさい》を食《た》べることができる。

たくさんの人《ひと》の手間《てま》がかかって、みんなのところへとどくんだね。

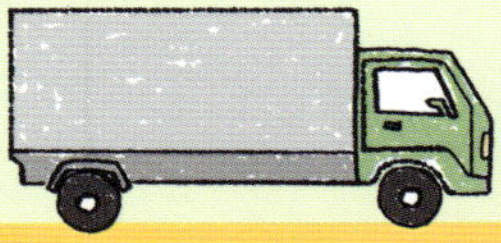

運送業者《うんそうぎょうしゃ》などが野菜《やさい》を運《はこ》ぶ。

運《はこ》ばれてきた野菜《やさい》が、大《おお》きさによって分《わ》けられ、袋《ふくろ》につめられる。

市場《いちば》では、仕《し》入《い》れにきた八百屋《やおや》やスーパーの人《ひと》たちが、せりにかけられた野菜《やさい》を買《か》いつけていく。

スーパーやお店《みせ》に入荷《にゅうか》した野菜《やさい》が、店頭《てんとう》にならべられる。

親子《おやこ》で野菜《やさい》の話《はなし》をしよう

いつも食《た》べている野菜《やさい》について、家族《かぞく》で話《はな》したことあるかな？

どこでとれた野菜《やさい》かな？
この野菜《やさい》の旬《しゅん》はいつかな？ など、
今日《きょう》食《た》べる野菜《やさい》について、話《はな》してみよう。

どこでとれた野菜《やさい》か調《しら》べよう！

野菜《やさい》が入《はい》っていたふくろや、シールに、どこでとれた野菜《やさい》かが書《か》いてあるよ。
同《おな》じ野菜《やさい》でも、ちがう地域《ちいき》でとれていることもあるよ。

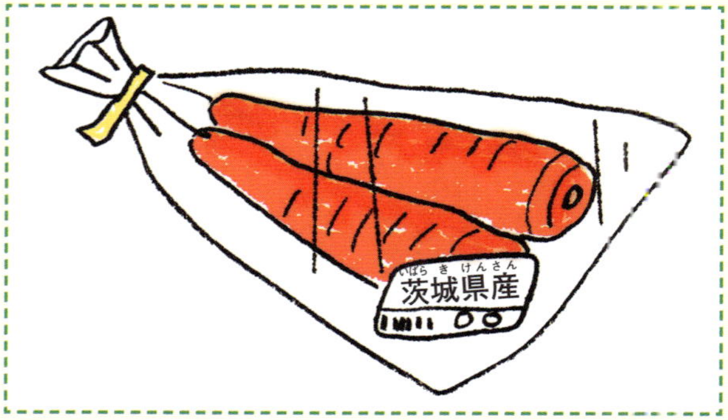

いろいろな野菜《やさい》を食《た》べよう！

野菜《やさい》にはとてもたくさんの種類《しゅるい》があるけれど、いつも同《おな》じ野菜《やさい》ばかり食《た》べていないかな？

★一週間《いっしゅうかん》で何種類《なんしゅるい》の野菜《やさい》を食《た》べたか、書《か》き出《だ》して、チェックしてみよう。★

月《げつ》	火《か》	水《すい》	木《もく》	金《きん》	土《ど》	日《にち》
（れい） ダイコン ニンジン キャベツ ジャガイモ 小松菜《こまつな》 タマネギ						

全部《ぜんぶ》で　　　種類《しゅるい》食《た》べたよ！！

おうちの方《かた》へ

〜いつもとちがう野菜《やさい》を取《と》り入《い》れましょう〜

一度《いちど》で使《つか》いきれない野菜《やさい》は、次《つぎ》の日《ひ》も食卓《しょくたく》にならぶことになります。このとき、さらに別《べつ》の野菜《やさい》を加《くわ》えるなどして、アレンジしましょう。お子《こ》さんといっしょに、多《おお》くの野菜《やさい》を食《た》べることを目標《もくひょう》にすると、ゲーム感覚《かんかく》でいろいろな野菜《やさい》を取《と》り入《い》れられます。野菜《やさい》の持《も》っている栄養素《えいようそ》は、種類《しゅるい》によってさまざまです。いつもとちがう野菜《やさい》を用《もち》いることで、多《おお》くの栄養素《えいようそ》が取《と》り入《い》れられるだけでなく、料理《りょうり》の新《あたら》しいレパートリーも増《ふ》えて、一石二鳥《いっせきにちょう》です。

地域限定《ちいきげんてい》の野菜《やさい》を楽《たの》しもう

最近《さいきん》は、「地産地消《ちさんちしょう》」という考《かんが》え方《かた》が広《ひろ》まってきているよ。
みんなの給食《きゅうしょく》にも取《と》り入《い》れられる機会《きかい》が増《ふ》えているよ。

「地産地消《ちさんちしょう》」って何《なに》？

「地産地消《ちさんちしょう》」とは、「その土地《とち》でとれたものを、その土地《とち》で食《た》べる」ということ。野菜《やさい》にかぎらず、肉《にく》や魚《さかな》などにも使《つか》う言葉《ことば》だよ。野菜《やさい》のふくろやシールに書《か》いてあるように、わたしたちが買《か》う野菜《やさい》は、日本《にほん》をはじめ外国《がいこく》にいたるまで、さまざまな地域《ちいき》でとれたものがたくさんある。
でも、自分《じぶん》たちが住《す》む地域《ちいき》でとれたものを食《た》べると、右《みぎ》のページのようないいことがあるんだ。

ぼくたち、すぐそこの畑《はたけ》でとれたんだ。
地元《じもと》の野菜《やさい》だね。

いいこと① おいしくて栄養豊富《えいようほうふ》な野菜《やさい》が食《た》べられる

○とれたての野菜《やさい》を買《か》うことができるから、新鮮《しんせん》でおいしい。

○新鮮《しんせん》な野菜《やさい》は栄養《えいよう》も豊富《ほうふ》。

いいこと② 環境《かんきょう》にやさしい

○車《くるま》を使《つか》って運《はこ》ぶ距離《きょり》が短《みじか》くなるから、車《くるま》が走《はし》るときに発生《はっせい》する二酸化炭素《にさんかたんそ》の量《りょう》をおさえられる（二酸化炭素《にさんかたんそ》は、地球温暖化《ちきゅうおんだんか》の原因《げんいん》となるものだから環境《かんきょう》を守《まも》ることにもつながる）。

○船《ふね》や飛行機《ひこうき》を使《つか》って運《はこ》ぶ外国産《がいこくさん》の野菜《やさい》と比《くら》べて、ガソリンなどの資源《しげん》を節約《せつやく》できる。

「農産物直売所《のうさんぶつちょくばいじょ》」で、みんながお得《とく》!!

「農産物直売所《のうさんぶつちょくばいじょ》（『ファーマーズマーケット』ともよばれる）」というところで、農家《のうか》さんの野菜《やさい》を直接《ちょくせつ》買《か》うことができるよ。ここでは、市場《いちば》に出《だ》すには量《りょう》やサイズが合《あ》わない野菜《やさい》などを、むだにせずに売《う》ることができるんだ。また、直売所《ちょくばいじょ》では農家《のうか》さんが値段《ねだん》を決《き》めているから、おいしい野菜《やさい》をほかより安《やす》く買《か》えることもあるんだよ。

近《ちか》くの直売所《ちょくばいじょ》へ行《い》ってみよう！！

同《おな》じ野菜《やさい》でも、
全国各地《ぜんこくかくち》でこんなにちがう！

カブの種類《しゅるい》は、愛知県《あいちけん》、岐阜県《ぎふけん》、福井県《ふくいけん》を結《むす》ぶ線《せん》で大《おお》きく二《ふた》つに分《わ》けられるよ。
この線《せん》を「かぶらライン」というんだ。
かぶらラインより東《ひがし》がわは寒《さむ》さに強《つよ》い西洋型《せいようがた》、西《にし》がわは日本型《にほんがた》とよばれているよ。

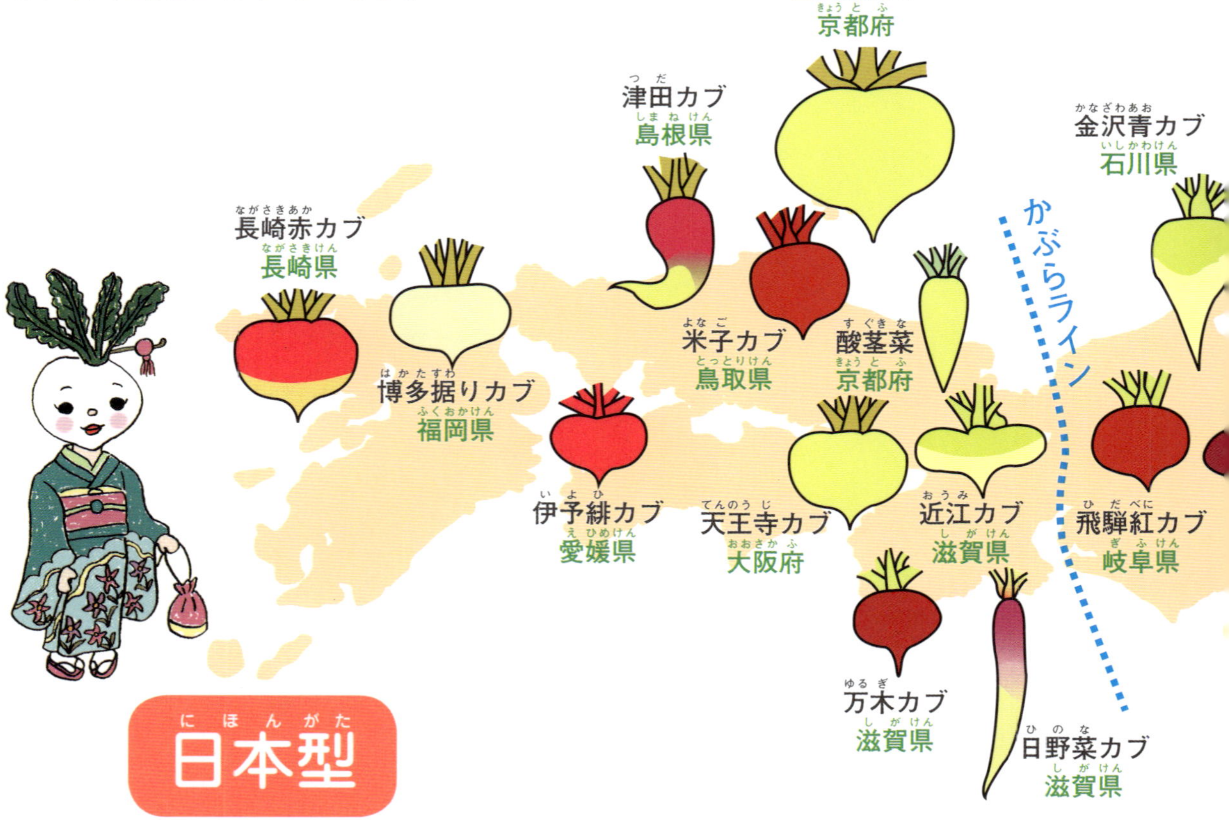

参考資料《さんこうしりょう》：独立行政法人農畜産業振興機構《どくりつぎょうせいほうじんのうちくさんぎょうしんこうきこう》　「野菜図鑑《やさいずかん》（かぶ）」

西洋型《せいようがた》

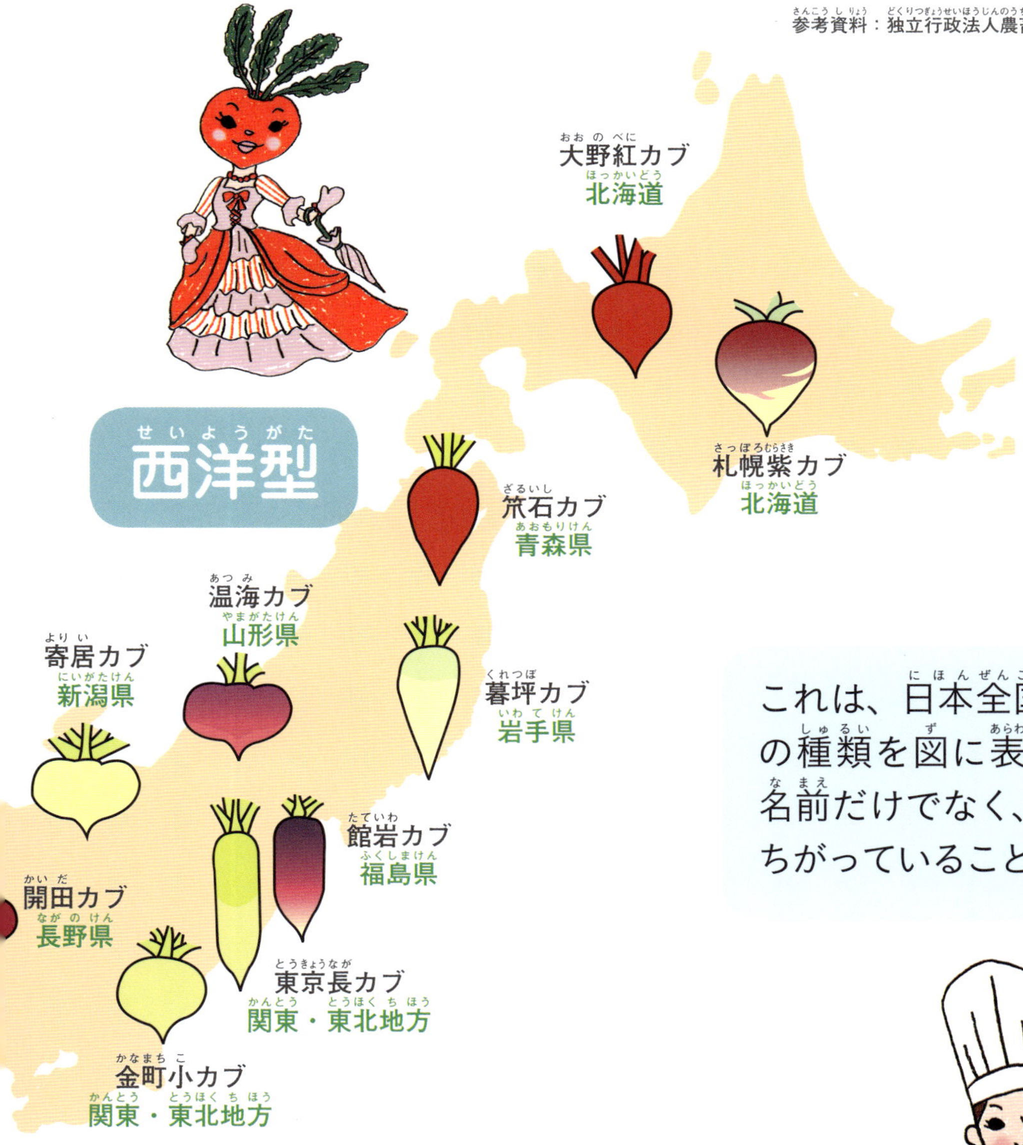

これは、日本全国《にほんぜんこく》でとれるカブの種類《しゅるい》を図《ず》に表《あらわ》したものだよ。名前《なまえ》だけでなく、形《かたち》もずいぶんちがっていることがわかるね。

食料自給率《しょくりょうじきゅうりつ》について知《し》ろう

食料自給率《しょくりょうじきゅうりつ》って何《なに》？

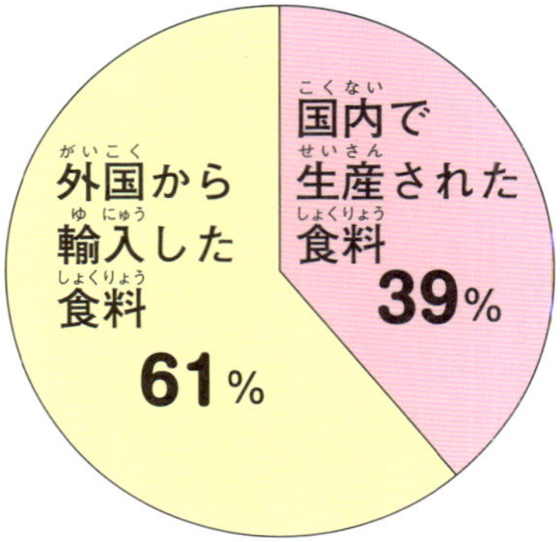

食料《しょくりょう》自給率《じきゅうりつ》とは、わたしたちが食《た》べているもののうち、日本《にほん》国内《こくない》でつくられたものの割合《わりあい》をしめす数字《すうじ》だよ。日本《にほん》の食料《しょくりょう》自給率《じきゅうりつ》は 39 パーセント（22 年度《ねんど》）。食料《しょくりょう》の半分《はんぶん》以上《いじょう》を、外国《がいこく》からの輸入《ゆにゅう》にたよっているんだ。

☆先進国《せんしんこく》の食料《しょくりょう》自給率《じきゅうりつ》（カロリーベース※）

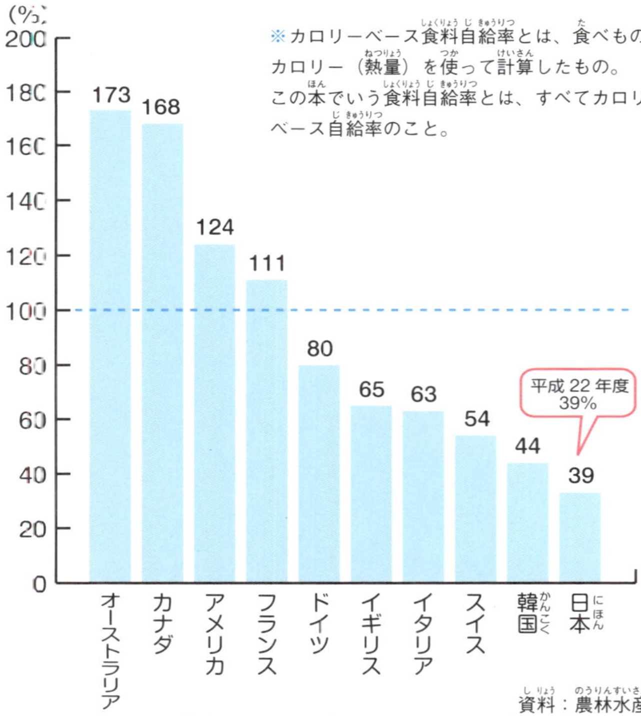

※カロリーベース食料《しょくりょう》自給率《じきゅうりつ》とは、食《た》べもののカロリー（熱量《ねつりょう》）を使《つか》って計算《けいさん》したもの。この本《ほん》でいう食料《しょくりょう》自給率《じきゅうりつ》とは、すべてカロリーベース自給率《じきゅうりつ》のこと。

資料《しりょう》：農林水産省《のうりんすいさんしょう》

※ 数値《すうち》は、平成《へいせい》 19 年《ねん》のもの（ただし、日本《にほん》は平成《へいせい》 22 年度《ねんど》）

100%をこえた食料《しょくりょう》は、足《た》りない国《くに》に輸出《ゆしゅつ》できるからいいね。

日本《にほん》の都道府県別《とどうふけんべつ》の食料《しょくりょう》自給率《じきゅうりつ》(21 年度《ねんど》)では、北海道《ほっかいどう》、青森県《あおもりけん》、岩手県《いわてけん》、秋田県《あきたけん》、山形県《やまがたけん》、新潟県《にいがたけん》、佐賀県《さがけん》が 100%をこえているよ。すごいね！

ほかの国《くに》とくらべても、日本《にほん》の食料自給率《しょくりょうじきゅうりつ》が低《ひく》いことがわかるよね。日本《にほん》では、生産《せいさん》できないものもあるから、輸入《ゆにゅう》にたよらないと手《て》に入《はい》らないものもあるよ。でも、日本《にほん》でとれるものでも輸入《ゆにゅう》していることもあるんだ。

食料自給率《しょくりょうじきゅうりつ》が低下《ていか》したわけ

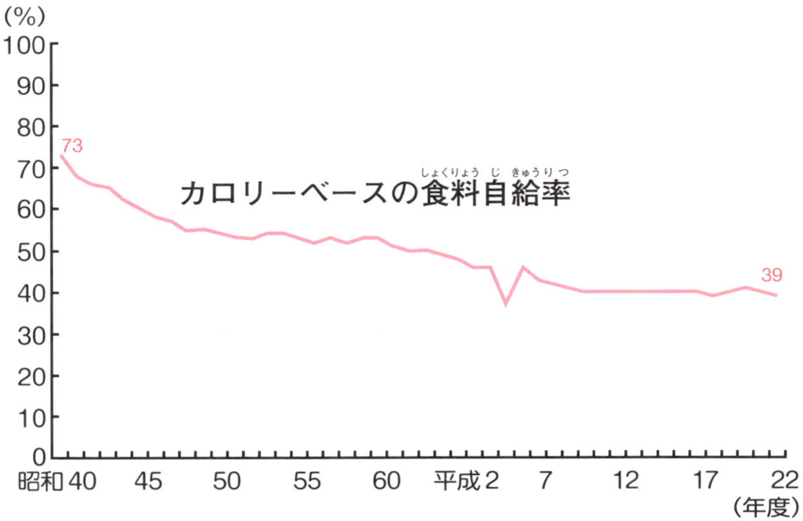

資料《しりょう》：農林水産省《のうりんすいさんしょう》「食料需給表《しょくりょうじゅきゅうひょう》」

日本《にほん》でとれないものを多《おお》く使《つか》う洋食《ようしょく》が取《と》り入《い》れられるようになったことや、国内《こくない》でつくるより、海外《かいがい》でつくられたものを輸入《ゆにゅう》したほうが安《やす》いこと、国内《こくない》の農家《のうか》の数《かず》も減《へ》ったことなどから、食料《しょくりょう》を輸入《ゆにゅう》にたよるようになったんだよ。

どれが国産《こくさん》？ 外国産《がいこくさん》？

野菜《やさい》の食料自給率《しょくりょうじきゅうりつ》は 81 パーセントだから、日本《にほん》でつくられているもののほうが多《おお》いけれど、外国産《がいこくさん》のものもスーパーなどで売《う》られているよ。

朝食《ちょうしょく》メニューでくらべてみよう！

和食《わしょく》

食料自給率《しょくりょうじきゅうりつ》 **70%**

洋食《ようしょく》

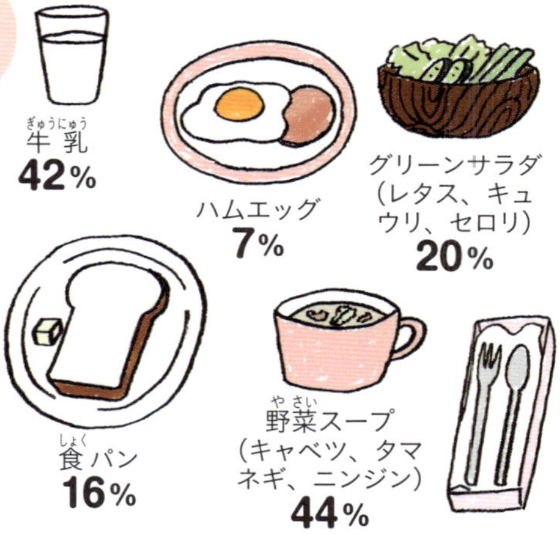

食料自給率《しょくりょうじきゅうりつ》 **22%**

自給率《じきゅうりつ》が 100%の米《こめ》にくらべ、パンの原料《げんりょう》となる小麦《こむぎ》の自給率《じきゅうりつ》は９%。
だから、パンを主食《しゅしょく》とする洋食《ようしょく》では、和食《わしょく》にくらべて自給率《じきゅうりつ》が低《ひく》くなってしまうんだよ。
ただし、和食《わしょく》によく使《つか》われるとうふやみそ、納豆《なっとう》の原料《げんりょう》となる大豆《だいず》の自給率《じきゅうりつ》は６%。
ほとんどが外国産《がいこくさん》なんだ。

資料《しりょう》：農林水産省《のうりんすいさんしょう》「クッキング自給率《じきゅうりつ》」

天《てん》ぷらうどんと
インド風《ふう》チキンカレー、
どっちが食料《しょくりょう》自給率《じきゅうりつ》が
高《たか》いメニューだと思《おも》う？

日本《にほん》っぽいから、
天《てん》ぷらうどん
じゃないかな？

天《てん》ぷらうどんの自給率《じきゅうりつ》　20％

材料名《ざいりょうめい》	国内平均自給率《こくないへいきんじきゅうりつ》（％）
うどん	8
えび類《るい》	4
天《てん》ぷら粉《こ》	8
たまご（全卵《ぜんらん》）	10
なたね油《あぶら》	0
ねぎ	90
しょうゆ	21
本《ほん》みりん	98
かつおだし	88

インド風《ふう》チキンカレーの自給率《じきゅうりつ》　55％

材料名《ざいりょうめい》	国内平均自給率《こくないへいきんじきゅうりつ》（％）
白米《はくまい》ごはん	100
とり肉《にく》（むね）	7
タマネギ	70
カレー粉《こ》	0
ショウガ	33
なたね油《あぶら》	0
ニンニク	41

資料《しりょう》：農林水産省《のうりんすいさんしょう》「クッキング自給率《じきゅうりつ》」

テンくん、残念《ざんねん》！！
正解《せいかい》は、インド風《ふう》チキンカレーでした。

国産《こくさん》のものを食《た》べよう！！

あや先生《せんせい》、買《か》ってきたよー！！
おかえり〜
この小麦粉《こむぎこ》を使《つか》って、うどん屋《や》のおじさんにうどんをうってもらおう。
おねがいしまーす
まかしときな！！
先生《せんせい》、どうして国産《こくさん》の小麦粉《こむぎこ》やおしょうゆは、外国産《がいこくさん》より高《たか》いの？
あんまりたくさんつくられていないからだよ。みんなが買《か》うようになれば、もっとつくられるようになって、安《やす》くなるはずだけど……。
どうして国産《こくさん》のほうがいいの？外国産《がいこくさん》のほうが安《やす》いのに。
輸入《ゆにゅう》だけにたよっていると、スムーズに輸入《ゆにゅう》ができなくなったとき、日本《にほん》に食料《しょくりょう》が入《はい》ってこなくなることがあるよ。みんなの食料《しょくりょう》が足《た》りなくなるかもしれないよ。
たいへん！！
おーい、うどんできたよ
だから、なるべく自給《じきゅう》率《りつ》を上《あ》げて、外国《がいこく》からの輸入《ゆにゅう》だけにたよらないようにする必要《ひつよう》があるんだよ。
国産材料《こくさんざいりょう》100%のうどん、とってもおいしいね！！

農家《のうか》さんの部屋《へや》 3

～ 野菜《やさい》を育《そだ》てるには ～

「おいしい野菜《やさい》を育《そだ》てるために、どんなことに気《き》をつけていますか？」

「野菜《やさい》が元気《げんき》よく育《そだ》っているかどうか、注意《ちゅうい》してよく見《み》ることかな。」

「元気《げんき》に育《そだ》った野菜《やさい》が、おいしいってことですか？」

「そうだよ。元気《げんき》な野菜《やさい》には虫《むし》もつきにくいし、病気《びょうき》にもなりにくいんだ。」

「野菜《やさい》が元気《げんき》に育《そだ》つためには、どんなことが必要《ひつよう》ですか？」

「光《ひかり》、水《みず》、空気《くうき》、栄養《えいよう》や土《つち》の状態《じょうたい》など、いろいろな条件《じょうけん》がバランスよくととのっていることかな。」

「なるほど。では、子《こ》どもたちが、家《いえ》で育《そだ》てることができる野菜《やさい》を教《おし》えてください。」

「ラディッシュはどうかな。別名《べつめい》を二十日大根《はつかだいこん》というだけあって、たねを植《う》えてからだいたい二十日間《はつかかん》でできるんだ。」

「へえ！！　それなら初《はじ》めてでもできそうですね。」

「プランターで育《そだ》てることができるから、マンションに住《す》んでいる人《ひと》でもチャレンジできるよ。ほかにも、ミントなどのハーブも育《そだ》てやすいよ。」

「子《こ》どもたちに、自分《じぶん》で育《そだ》てた野菜《やさい》を食《た》べる楽《たの》しみを味《あじ》わってもらいたいですね。」

ふろく

カンタン野菜《やさい》スイーツレシピ集《しゅう》

ナスのコンポート

ナスが、まるでフルーツ
みたいに大変身《だいへんしん》！

冷《ひ》やしておいしい
スイーツを
しょうかいするよ。

◆材料《ざいりょう》◆

４人分《にんぶん》

- ナス……120 g （２本《ほん》）
- ◎ 水《みず》………100 g
- ◎ グラニュー糖《とう》……30 g
- ◎ バニラビーンズ… 1 / ８本《ぼん》
- ◎ レモン果汁《かじゅう》………20 g
- ミント（かざり用《よう》）４本《ほん》
- レモン（かざり用《よう》）輪切《わぎ》り４枚《まい》

★☆つくる前《まえ》の下準備《したじゅんび》☆★

バニラビーンズとグラニュー糖《とう》を合《あ》わせる

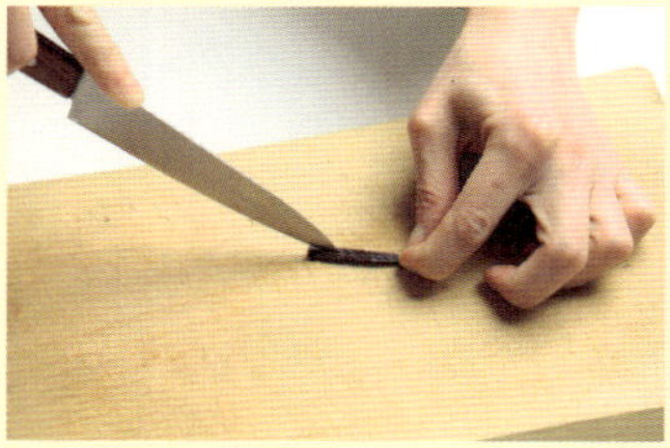

①バニラビーンズに切《き》れ目《め》を入《い》れる。

②バニラビーンズを手《て》で取《と》り出《だ》す。

細《こま》かいつぶが、さやの中《なか》にびっしり入《はい》っていて取《と》り出《だ》しにくいから、グラニュー糖《とう》のザラザラしたつぶを利《り》用《よう》して、こすり出《だ》すようにするといいよ。さやは食《た》べないでね。

▲バニラビーンズ

うーん、
いいかおり。
バニラビーンズ
の代《か》わりに、
エッセンス
などを使《つか》っても
いいよ。

■▲● つくり方《かた》 ●▲■

① ナスの皮《かわ》をむき、６ｍｍくらいのあつさに切《き》る。

へたのところがチクチクするときがあるから気《き》をつけて。これは、新鮮《しんせん》なしょうこだよ。

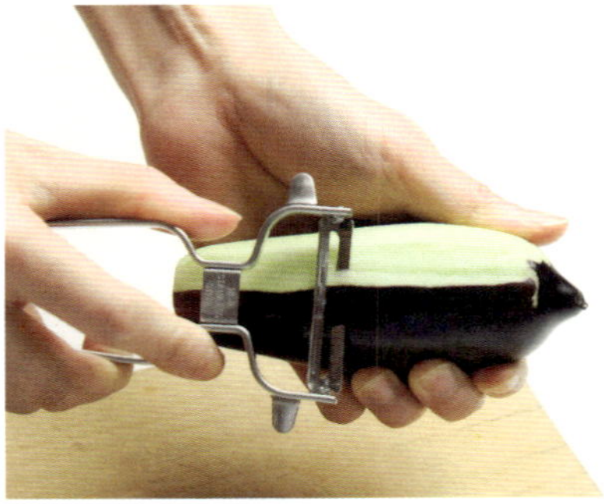

ピーラーを使《つか》うと
かんたんに皮《かわ》がむけるよ。

輪《わ》切《ぎ》りにするよ。
皮《かわ》はとっておいてね。

② なべに①の皮《かわ》、切《き》ったナス、◎を入《い》れ、火《ひ》にかける。ふっとうしたら、弱火《よわび》にして10分《ぷん》にる。

皮《かわ》は取《と》り出《だ》さずに、
いっしょににて食《た》べるよ。

味《あじ》が全体《ぜんたい》にしみこむよう、
よく混《ま》ぜよう。

レモン果汁《かじゅう》を入《い》れると、きれいな色《いろ》になるよ。

3 火《ひ》からおろしたら、器《うつわ》に入《い》れて広《ひろ》げ、自然《しぜん》に冷《さ》ます。

色《いろ》が全体《ぜんたい》にまわり、やわらかくなったら火《ひ》をとめよう。

あさい入《い》れ物《もの》にならべるようにして入《い》れると冷《さ》めやすいよ。

冷《さ》めたら冷蔵庫《れいぞうこ》に入《い》れて、一晩《ひとばん》冷《ひ》やす。味《あじ》も色《いろ》もしみこんでおいしくなるよ。

4 お皿《さら》にもりつけて、ミントとレモンをかざる。

色《いろ》も味《あじ》もしっかりしみこんでいるね。

ミントの葉《は》とレモンの輪《わ》切《ぎ》りをかざろう。

完成《かんせい》!!

残《のこ》った液《えき》をソーダに入《い》れると、きれいな色《いろ》のドリンクになるよ。

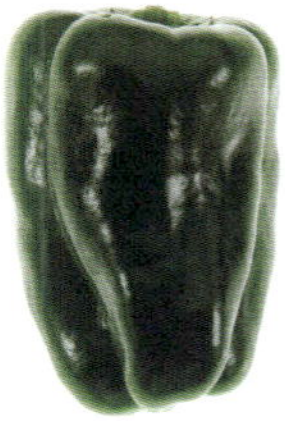

ピーマンのくるくるクレープ

野菜《やさい》の色《いろ》をいかした
カラフルな
スイーツだよ。

くるくるもようが
かわいいでしょ！

◆材料《ざいりょう》◆

6枚分《まいぶん》（直径《ちょっけい》 16cm フライパン）

● クレープ生地《きじ》

ピーマン……50g（2個《こ》）
牛乳《ぎゅうにゅう》…………90g
たまご（全卵《ぜんらん》）… 1個《こ》
グラニュー糖《とう》……10g
薄力粉《はくりきこ》……………45g
バター（焼《や》くとき用《よう》）…適量《てきりょう》

● クリーム

生《なま》クリーム………100g
グラニュー糖《とう》……10g
ヨーグルト（プレーン）…40g
レモン果汁《かじゅう》………4g

ピーマンの代《か》わりに赤《あか》や黄色《きいろ》のパプリカを使《つか》うと、前《まえ》のページの写真《しゃしん》のような色《いろ》ちがいもできるよ。

■▲● つくり方《かた》 ●▲■

① 生地《きじ》をつくる。たねとへたをとったピーマンを小《ちい》さく切《き》り、牛乳《ぎゅうにゅう》と合《あ》わせてミキサーにかける。

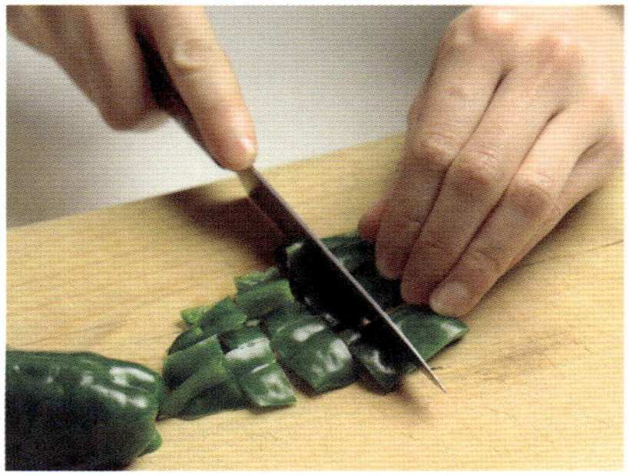

ミキサーがないときは細《こま》かいみじん切《ぎ》りにしてね。

ミキサーで細《こま》かくすると色《いろ》がきれいに出《で》るよ。

② たまごとグラニュー糖《とう》をボウルに入《い》れ、まぜる。よくまざったら、薄力粉《はくりきこ》をふるい入《い》れ、さらに①を入《い》れてよくまぜる。

①は2～3回《かい》に分《わ》けて入《い》れよう。薄力粉《はくりきこ》と①は、入《い》れるたびによくまぜてね。

あわだて器《き》を大《おお》きく動《うご》かして、ボウルの底《そこ》をこするようにまぜよう。

薄力粉《はくりきこ》は、ふるいながら一度《いちど》にくわえ、円《えん》をえがくようにぐるぐるまぜよう。

③ バターをのばしたフライパンを火《ひ》にかける。そこに②をおたまですくって流《なが》し入《い》れて、フライパンを動《うご》かして全体《ぜんたい》にうすく広《ひろ》げる。表面《ひょうめん》がかわいてきたら、ひっくり返《かえ》してうらも焼《や》き（約《やく》6枚《まい》）、冷《さ》ましておく。

バターはキッチンペーパーなどを使《つか》ってうすくぬろう。

表面《ひょうめん》がこのようになったら、フライ返《がえ》しでひっくり返《かえ》そう。

フライパンも生地《きじ》も熱《あつ》くなっているから、やけどには十分注意《じゅうぶんちゅうい》してね。

④ クリームをつくる。ボウルに生《なま》クリームとグラニュー糖《とう》を入《い》れ、あわだて器《き》でかたくなるまでまぜる。ヨーグルトとレモン果汁《かじゅう》を入《い》れて、さらにまぜる。

生《なま》クリームは手早《てばや》くまぜて、あわだてよう。うまくできないときは、ボウルの外側《そとがわ》を氷水《こおりみず》にあてながらまぜるといいよ。

クリームは、かためになるまでしっかりまぜてね。

⑤ ③を広《ひろ》げて、④を全体《ぜんたい》にうすくぬり、はじからまく。冷蔵庫《れいぞうこ》で１時間《じかん》ほど冷《ひ》やし、食《た》べるときに切《き》ってお皿《さら》にもりつける。

クリームはスプーンを使《つか》って、うすくぬろう。

切《き》らずに冷蔵庫《れいぞうこ》へ。食《た》べるときに切《き》ろう。

完成《かんせい》!!

ゴボウチョコマフィン

ゴボウの歯《は》ざわりを
いかしたスイーツ。

ゴボウがまるでナッツ
みたいになって、
チョコにぴったりだよ。

◆材料《ざいりょう》◆

４個分《こぶん》（直径《ちょっけい》５cm 高《たか》さ６cm マフィンカップ）

ゴボウ…………80 g
無塩《むえん》バター……５ g
グラニュー糖《とう》…５ g
水《みず》………………30 g

● 生地《きじ》

たまご（全卵《ぜんらん》）……２個《こ》
グラニュー糖《とう》………60 g
◎［薄力粉《はくりきこ》……………35 g
　［ココアパウダー（無糖《むとう》）…20 g
生《なま》おから………60 g
無塩《むえん》バター……50 g

★☆つくる前《まえ》の下準備《したじゅんび》☆★

オーブンを 170℃にあたためる。
バターを湯《ゆ》せんにかけてとかす。

フライパンに水《みず》をはり、火《ひ》にかけ、おふろより少《すこ》し熱《あつ》いくらい（50 ～ 60℃）になるまであたためよう。火《ひ》をとめて、バターを入《い》れたボウルをうかべてね。このように、直接《ちょくせつ》火《ひ》にかけずに、お湯《ゆ》を使《つか》ってとかす方法《ほうほう》を湯《ゆ》せんというよ。

ゴボウだけでなく、
おからも使《つか》った
体《からだ》にやさしい
スイーツだよ。

つくり方《かた》

① ゴボウをよく洗《あら》い、皮《かわ》つきのまま5mm角《かく》に切《き》る。

皮《かわ》に栄養《えいよう》があるから、
皮《かわ》つきのまま使《つか》うよ。

ゴボウはかたいから、
切《き》るときに注意《ちゅうい》してね。

② フライパンにバターを入《い》れて火《ひ》にかけ、
ゴボウを入《い》れて強火《つよび》でいためる。
表面《ひょうめん》に焼《や》き色《いろ》がついたら、グラニュー糖《とう》をくわえていため、
さらに水《みず》を入《い》れてゴボウがやわらかくなるまでにる。

水《みず》を入《い》れるときにはねるので、
やけどに注意《ちゅうい》してね。

水《みず》がなくなったら1個《こ》食《た》べてみて。
やわらかくなっていたら火《ひ》をとめよう。

最後《さいご》にかざりに使《つか》う
分《ぶん》を、少《すこ》しだけ
とりわけておこう。

③ 生地《きじ》をつくる。ボウルにたまごとグラニュー糖《とう》を入《い》れて、あわだて器《き》でまぜる。◎を合《あ》わせてふるいながら入《い》れてまぜる。おから、②、とかしたバターの順《じゅん》にくわえ、ゴムべらで切《き》るようにまぜる。

◎の粉《こな》は、いっしょにしてふるいにかけよう。

左《ひだり》でふるった粉《こな》を、なめらかになるまであわだて器《き》でまぜるよ。

④ ③をマフィンカップに入《い》れる。とっておいたゴボウを上《うえ》にちらし、あたためておいたオーブンで25～30分《ぷん》焼《や》く。

焼《や》くと生地《きじ》がふくらむから、カップの8分目《ぶんめ》くらいまで入《い》れるとちょうどいいよ。

②でとっておいたゴボウをかざろう。焼《や》きあがったら冷《さ》まし、カップからはずしてお皿《さら》にもろう。

完成《かんせい》!!

オーブンのあつかいには、十分《じゅうぶん》気《き》をつけてね。必《かなら》ずおうちの人《ひと》といっしょに使《つか》おう。

おわりに

「野菜が大好き」！

なぜ、そうなったのかと考えると、一番の理由は、「畑に行って、野菜の命を感じることができた」から。

畑に踏み込み、柔らかい土を足元に感じ、空気や土や野菜の匂いを感じ、野菜や土の温かさを感じ、野菜って生きているんだなと、感動しました。

その感動を子どもたちにも伝えることができたらと思い、この本をつくりました。本を読んだら実践編、ぜひ親子で畑に行ってみてください。さらに野菜が好きになるはずです。

目には見えませんが、食べものの裏側にはたくさんの人がいます。労力と時間をかけて育てる人がいて、それを運ぶ人がいて、販売する人がいて、お料理する人がいて、初めてわたしたちは食べることができる。

　そういう目に見えないものを想像することができたら、食べものへの感謝の気持ちが生まれ、好き嫌いが無くなって、食べ残しも減っていくと信じています。

　野菜からたくさん元気をもらって、お子様たちがすくすくと育ってくれることを願っています。

柿沢 安耶

柿沢安耶［著］

野菜スイーツパティシエ。1977年生まれ。学習院大学文学部仏文学科卒業。大学在学中よりフランス料理を学ぶ。卒業後、パティスリー、レストランなどで働きながら、「食べた人が健康になれる」料理やスイーツ作りを志す。2003年に『オーガニックベジカフェ・イヌイ』（現在は閉店）、2006年に野菜スイーツ専門店『パティスリー ポタジエ』、2011年に野菜寿司専門店『野菜寿し ポタジエ』をオープン。食育や日本の農業への関心も高く、小学校での食育セミナーや農業支援活動などにも力を注ぐ。

寺《てら》子《こ》屋《や》シリーズ 10《じゅう》

親《おや》子《こ》で楽《たの》しむ　こども野《や》菜《さい》塾《じゅく》

平成24年6月10日　初版発行

著　者　柿《かき》沢《さわ》安《あ》耶《や》

発行者　株式会社 明治書院　代表者　三樹　敏
印刷者　図書印刷株式会社　代表者　沖津仁彦
製本者　図書印刷株式会社　代表者　沖津仁彦
発行所　株式会社 明治書院
〒169-0072　東京都新宿区大久保1-1-7
電話 03-5292-0117
振替 00130-7-4991

Printed in Japan　ISBN978-4-625-62420-9

装幀・表紙イラスト：マエダヨシカ
本文イラスト：井上恵美
編集協力：高橋みか・群企画
本文デザイン・ＤＴＰ：吉野みき・群企画
撮影：千葉崇則
取材協力：農林水産省
社団法人農山漁村文化協会
独立行政法人農畜産業振興機構
株式会社ベジファーム
写真提供：株式会社ベジファーム
ＪＡ愛知東
山形県庄内総合支庁産業経済企画課